JN439512

낯선 곳, 아니 익숙한 곳에서

주명순 수필집

낯선 곳, 아니 익숙한 곳에서

주명순 수필집

1판 1쇄 인쇄/ 2020년 2월 15일
1판 1쇄 발행/ 2020년 2월 20일

지은이 / 주 명 순
펴낸이 / 우 희 정
펴낸곳 / 도서출판 소소리

등록 / 제300-2007-21호
주소 / 03073 서울 종로구 성균관로 5길 39-16
전화 / 765-5663, 010-4265-5663
e-mail: sosori39@hanmail.net
www.sosori.net

값 12,000 원

*잘못된 책은 바꿔드립니다.

ISBN 979-11-5891-138-6 03810

주명순 수필집

낯선 곳, 아니 익숙한 곳에서

소소리

책을 내면서

가슴 뜨겁게 묵혀둔 사랑을
눈매 맑은 붓끝으로 채색하겠다고
매무새 다듬으며
깨끗하게 두근거리는 자욱한 이야기를 펼쳐놓았다.

달래지지 않는 회색빛 여운이
즐거웠던 기억의 편린들을 끄집어내
빛깔 고운 음성으로 웃음소리를 풀어놓았다.

바람이 안고 있는 호수에 잠긴 시간들을
향기 짙은 열매를 맺으려고
맑은 바람 데리고 들어와
인연의 자락에다 지워지지 않는 붓으로 명화를 그려내고 싶다.

2020 애봄에

저자 **朱明順**

▸차 례

▸책을 내면서

1. 그네를 태우는 저녁

소금밭에서 —· 12
그네를 태우는 저녁 —· 18
그리운 송화밀수 —· 23
빛바랜 기억 속의 그림자 —· 27
낯선 곳, 아니 익숙한 곳에서 —· 32
바다부채길로의 시간여행 —· 37
뒷동산을 오르며 —· 42
백합나무와 귀울림(耳鳴) —· 47
매일 같은 길을 다녀도 —· 53
모기를 피해서 —· 58
누구랑 놀아 —· 63

2. 그 열정의 시간

사랑이라는 성냥불 켜대기 —·68
산목련은 내게 무슨 말을 했을까? —·73
빼꾹빼꾹! —·76
나무 위의 나무, 겨우살이 —·79
뭉크전, 그 열정의 시간 —·86
바람 부는 날에 아르누보 컬렉션을 —·91
보랏빛 웃음을 위하여 —·96
봄빛을 받은 오타루 —·99
용늪에 안겨서 —·104
나, 살고 싶어! —·107
우물쭈물하다가 찾은 아차산 —·112

3. 시간이 머문

빙빙 도는 세상 —· 118
어머니의 향기, 절미통 —· 123
하나, 둘, 셋! 그리고 웃음 —· 128
생강나무꽃이 손짓을 하면 —· 134
옛 궁궐에서의 해넘이 —· 139
시간이 멈춘 그 집 —· 144
가을빛의 남산둘레길 —· 149
순식간에 —· 154
아! 하시구요, 다무시구요 —· 159
엉또폭포 —· 164
40년 전의 잔상 —· 169
가슴 뜨거운 삶을 드러내지 않으며 —· 174

4. 울컥 프로젝트

가을빛 머금은 영랑호 —· 180
언감생심, 닮고자 했던 사임당 —· 185
엄마는 무슨 생각을 할까 —· 190
울컥 프로젝트 —· 195
프리다 칼로와 할미 —· 201
인왕산 자락의 시간을 들추며 —· 206
장미색 비강진(薔薇色 粃糠疹) —· 211
첫눈 온 날 —· 217
톨스토이의 즐거운 놀이 —· 221
하마 —· 226
카드 만들던 기억의 조각들 —· 228
결국은 사람이다! —· 233

1.

그네를 태우는 저녁

소금밭에서

공자는 이순을 '무슨 말을 들어도 고깝지 않고 원만하게 받아들일 수 있는 나이'라 했다. '나이를 먹는다는 것은 조금씩 자신의 가능성을 지워간다는 뜻'이라는 시오노 나나미의 말도 가슴에 찰싹 달라붙는다. 어느새 육십갑자를 한 바퀴 돌아 이순을 넘기고 나의 가능성을 지워가는 나이가 되었다. 나는 이렇게 잘 살아가고 있는 걸까, 고깝지 않게 어떤 말이든 받아들이고 있나, 이런 저런 생각들이 시간을 채우고 있는데 동생들이 여행을 하자고 하여 새해를 열자마자 길을 떠나게 되었다.

느긋한 해안선을 따라들자 짭조롬한 해풍이 차창을 두드린다. 너른 염전이 어깨를 활짝 피며 두 팔 벌려 인사하고, 가지런히 줄 맞춘 소금창고가 게으른 웃음을 짓는다. 반사되어 비친 소금밭 햇살이 지금은 일할 때가 아니라며 엷게 웃음꽃을 피운다.

나이 차이가 적은 동생들끼리는 쉴 사이 없이 재잘거린다. 가고 싶은 곳을 들러보자고 했건만 고속도로를 달리는 동안 샛길로 빠지는 걸 잊은 듯이 이야기보따리만 열었다. 그렇게 신안 증도까지 내달아 들어오는 길은 어릴 적 뛰놀던 고향 같은 따뜻한 겨울이었다. 인자한 햇볕이 초봄인 양 쏟아놓는 손길에 일손을 놓고 여유롭게 풀어진 논밭은 아무렇게나 나뒹구는 건초더미들로 고즈넉한 시골 풍경을 펼쳐놓았다.

증도는 옛날부터 섬 전체가 물이 없다하여 시리섬이라 했으며 전증도와 후증도가 연륙되었다. 원래 별개의 섬이었으나 두 섬을 잇는 제방이 축조되고 그 사이에 대규모 염전이 개발되면서 하나의 섬으로 통합되었다. 바다를 제방으로 막아놓은 도로가 바다보다 몸을 낮춰 길게 드러누워 있다. 강원도에 사는 동생은 낮은 산들이 오밀조밀 늘어선 걸 보더니 이런 야트막한 산이 보고 싶었다며 한 옥타브를 높인다. 산지와 산지 사이에 개발된 농경지가 황토색으로 넓게 펼쳐져 있고, 밭 가운데는 고만고만한 키로 무덤을 지키며 둥그렇게 모여 울타리를 친 상록수가 눈길을 붙잡는다. 제주도에서는 밭 가운데 있는 무덤 가깝게 돌을 쌓았다면, 이곳은 넉넉하게 곁을 내주어 대대손손 가족들과 사후에도 오순도순 함께하려고 음택이 널찍하게 터를 잡고 있다.

귀에 부딪히는 정겨운 소리를 들으면서 어디를 먼저 갈까,

이런 이야기도 좋고 저런 말도 좋다. 길이 순해 느긋하게 걷기 그만이라며 동생들이 정하는 대로 따라다니기로 했다. 소금박물관 근처 선착장부터 둘러보았다. 선착장 옆에는 해풍을 막아주는 낮은 산에 염전과 서해를 볼 수 있는 전망대가 있다. 선착장에 들어서니 기세등등한 바닷바람이 먼저 반긴다. 옷깃을 여미고 모자도 눌러 썼지만 온몸으로 들어오는 바람구멍을 막을 재간이 없다. 방파제도 걸어보고 전망대도 올라가자던 이야기는 사정없이 몰아치는 거친 바람 때문에 배 속으로 깊숙하게 감췄다. 선착장에는 바닷바람에 떠밀려 세차게 얼굴을 때리는 성난 파도가 깊은 울음을 토해내고 있다. 바람에 밀려다니며 산발이 된 머리카락을 주체하지 못한 우리는 사진 몇 장으로 대신하고 소금박물관으로 발걸음을 옮겼다.

소금박물관 옆에는 사각형을 무한 반복한 소금밭이 정렬되어 있고, 캠핑카와 체험놀이 공간이 뜨거웠던 지난시간을 회상하며 사람들을 기다리고 있었다. 국내 최대 단일 염전으로 약 140만평에서 연간 1만 5천여 톤의 소금을 생산하며 전국 소금 생산량의 5%를 점유하고 있다고 한다. 개천 건너편에는 수많은 소금창고가 가지런하게 늘어서 화려한 시간을 간직한 채 장관을 이루고 있다. 지금은 생태체험학습장으로 체험 시설과 소금밭체험, 소금동굴 힐링센터 등 다채로운 프로그램을 운영하고 있단다.

'모든 생물은 생명이 시작된 바다를 기억하고 있다'는 발생학

적 논거에서 시작하는 소금박물관도 둘러보고 예술과 신화를 넘나들며 사람과 함께한 소금의 역사도 눈에 넣었다. 작렬하는 태양과 염부의 손끝이 빚어낸 하얀 보석인 소금은, 예부터 국가 간에 전쟁을 일으키는 원인이나 화폐로도 사용되었고, 소금 교역을 위한 별도의 교역로 설치 등 중요성이 매우 컸다. 소금은 한의학서적에서 '모든 약을 만드는 근거로서 혈액순환을 유지하고 신체수분의 손실을 보충하는 중요한 기능을 하는 약재'로 취급하였으나, 요즘은 과다섭취 및 중독 문제로 소금의 부작용과 질병의 연관성에 관한 많은 연구를 하고 있다.

독일 의학전문 저널리스트이자 식품영양학자인 클라우스 오버바일의 『소금의 역습』은 우리 몸의 중요한 기능을 담당해온 소금이 가져오는 위해성에 대해 설명하고 있다. 특히 소아 때부터 소금에 중독되면 치명적인 결과를 낳을 수 있으므로 저염식으로 식습관을 바꿀 것을 역설한다. 우리 자매들은 오래전부터 너무 심심한 저염식 식단으로 가족의 건강을 보살피고 있다. 대다수 사람들은 외식이 맛있다고 즐겨하지만 싱거운 맛에 길들여진 가족들은 집밥이 최고라며 자매들을 부엌에 묶어두곤 한다.

바닷가 사람들은 젓갈이나 소금에 절인 생선 같은 꽤 자극적인 고염식을 하여, 환자로 입원하면 병원음식은 싱거워서 못 먹겠다고 불만을 표출한다. 그에 비해 외식 후에 나는 물을 벌컥벌컥 들이켜고 다음 날 퉁퉁 부운 얼굴과 몸 때문에 민망한 적이 많다.

소금하면 떠오르는 것은 어릴 적 동생이 이불에 실례를 하면 다음 날 어머니께서 키를 씌워주며 이웃집에 가서 소금을 얻어 오라고 했던 일이다. 안 가겠다 거니, 갔다 오라거니 시끌벅적한 아침이 지금도 눈에 선하다. 어찌어찌하여 동생이 소금을 받아오면 키에 소금을 뿌리고 키를 벗겨주시던 할머니의 모습도 또렷하다. 우리 몸에 꼭 필요한 소금밭에서 호탕하고 웃음 많으셨던 할머니가 그립고 보고 싶다. 동생이 태어날 때부터 할머니와 지낸 시간들이 주마등으로 스친다.

한국전쟁 후 먹을 것이 귀했던 1960년대 초에는, 끼니 거르는 일이 비일비재했던 때라 도시락 싸오는 아이가 많지 않았다. 그 시절 최고의 도시락은 소금을 살짝 뿌린 계란프라이를 밥 위에 덮는 것이었다. 알루미늄 도시락을 난로에 올려놓아 따뜻해진 김치와 한 몸이 된 밥을 친구들끼리 둘러 앉아 야금야금 아껴먹던 계란프라이를 다시 한 번 먹어보고 싶다.

이 염전은 한국전쟁 후 피란민들을 정착시키고 소금 생산을 늘리기 위해 만든 염전이라는 말에, 내 나이쯤 되는 시간을 함께한 것 같아 왠지 코끝이 찡해졌다. 위험과 기회를 슬기롭게 넘기면서 시간과 공간을 메워왔을 생각에 가슴이 먹먹해졌다. 어느 일이든 오랜 시간 함께한다는 것은 그만큼의 고비도 잘 넘겼다는 것일 게다.

레프 톨스토이는 『살아갈 날들을 위한 공부』에서 '포탄은 대포를 떠난 후에야 그 소리가 귀에 들린다. 마찬가지로 나쁜 생각도 겉으로 나쁜 결과를 낳은 뒤에야 우리의 눈에 보이게 된다. 인간의 모든 행동은 생각에 좌우된다. 인류 역사에서 가장 큰 사건은 바로 그런 생각에서 탄생했다'고 했다. 내가 지나온 시간들은 어떤 모습으로 남게 될까.

삶의 목표, 살아야할 이유가 있으면 수명이 연장된다고 한다. 그 예로 여름에 사는 정상적인 일벌 암컷의 수명은 약 6주이나, 겨울을 나야 하는 일벌 암컷은 9개월까지 살 수 있다고 한다. 유전적으로 동일한 개체군에 속하는 동물들도 생존에 필수적인 도전에 직면하면 생명이 연장된다는 점을 알 수 있다. 이는 유전자원은 같지만 다른 프로그램이 활성화되어 수명을 적극적으로 조절, 주어진 도전에 적응하는 것이 분명하다고 잉에 호프만은 『오래 살려면 게으름을 피워라』에서 말하고 있다.

이곳 슬로시티의 사람들에게 이 이야기가 적용되고 있는 걸까. 나이가 들면서 조금씩 자신의 가능성을 지워가면서 이곳을 지켜야할 목표가 있다면 꼭 필요한 소금 같은 존재로 오래오래 행복하게 살아가는 건 아닐까싶다.

(2015년 문학시대)

그네를 태우는 저녁

저녁노을이 바다에 내려앉기 전에 호텔을 나섰다. 딸은 둘째를 안고 첫째가 내 손을 잡았다. 자그마한 손에서 온기가 전해진다. 신나서 깡충거리며 조잘대는 바람에 덩달아 기분이 좋다.

호텔 놀이터에 그네가 있다는 말을 듣자 큰손녀는 그네 타러 가자고 잡아끈다. 알맞게 선선한 봄바람이 얼굴을 매만진다. 상쾌하다는 말을 이럴 때 쓰나싶게 상큼하다.

놀이터를 한바탕 뛰어다닌 큰손녀가 그네에 앉자, 돌을 몇 달이나 남겨 둔 둘째손녀가 그네를 가리키며 다리를 버둥대고 온몸을 흔들어댄다. 그 몸짓에 우리는 웃음보가 터졌다. 어미가 안은 채로 그네를 타니 함박웃음이다.

석양이 구름과 어우러져 환상적인 해거름을 펼쳐놓는다. 고즈넉한 해넘이 그림 속에서 아이들이 그네를 탄다. 서귀포 바다를 바라보며 그네를 타는 아이들은 무슨 생각을 할까.

사위는 부모와 해외여행을 떠나고, 딸은 나와 아이들을 데리고 제주도로 왔다. 딸은 내가 좋아할 곳으로 갈 예정이니 3일간 즐기란다. 어린 아이들과 과연 얼마나 즐길 수 있을까 싶었지만 그래도 기대가 앞섰다.

서귀포로 넘어오는 길에 성이시돌목장에 들렀다. 이국적인 크테시폰 건축을 만나니 어느 고대의 이름 모를 타국에 온 듯했다. 크테시폰 시스템은 2천 년 전 이라크 바그다드 인근의 고대도시 크테시폰(Cteshphon) 지역에서 짓던 건축양식으로, 근대 건축가가 이 구조 형식을 만들면서 보급됐다.

처음 보는 구조라 신기해하며 이곳저곳을 둘러보았다. 물결 모양의 아치가 연속적인 조가비 형태의 회색 지붕이 이채롭다. 이런 곡선 형태는 태풍이나 지진 같은 자연재해에 잘 견딜 수 있다고 딸이 설명한다. 내부 공간은 기둥이 없어 넓어보였고, 합판으로 기본 뼈대를 만든 그 위에 가마니를 덮고 시멘트를 덧발라 만들었다.

암퇘지 한 마리로 시작한 이시돌목장은 아일랜드의 패트릭 J. 맥그린치(한국명 임피제) 신부가 조성했다. 1954년 제주도 한림본당에 부임해 한국전쟁과 4·3사건으로 폐허와 가난에 허덕이던 사람들의 삶을 보고, 한평생 제주도민을 위해 살기로 결심해 육지에서 새끼 밴 암퇘지를 사와 사람들에게 새끼 열 마리와 사료를 나눠줘 키우도록 했지만, 돼지가 자라도록 기다릴 수 없었던 농민들은 헐값에 팔았다. 나눠준 돼지를 다시 거둬들여 양돈업을 시작해 그를 '푸른 눈의 돼지 신부'라 했다. 1961년 가난 타개를 위한 목장을 조성하면서 숙소를 크테시폰 방식으로 건축했다. 이 건축양식은 돈사나 공장, 성당 등으로 퍼져나갔으나 현재는 제주에 유일하게 남아있다.

지독한 냄새가 후각을 자극했지만 말과 사진을 찍는 사람들의 표정은 더할 나위 없이 밝다. 바람 따라 흩날리는 말의 갈기가 파란 하늘을 가른다. 이국적인 풍경이 더욱 이채로웠다. 신선한 우유와 아이스크림을 맛보고 방주교회로 향했다.

일본의 유명 건축가 이타미 준이 설계한 걸작 방주교회는 물 위에 떠있는 노아의 방주 형태였다. 징검다리를 건너서 교회 내부로 들어가도록 되어 있지만, 아쉽게도 내부는 출입금지라 볼 수 없었다. 잔잔한 물과 나무로 된 외벽, 주변의 나무들까지 잘 어울리는 건물의 특이함이 날씨와 더불어 돋보였다. 건물 한 바퀴를 돌아보니 물 위에 뜬 건물이 더 아름다웠다. 하늘 수채화를 담은 물이 찰랑일 때마다 바람소리가 들렸다. 교회 앞 카페에서 바라본 모습도 마치 바다에 떠 있는 배 같았다.

호텔에 오자 짐만 내려놓고 그네를 타러 나왔던 것이다.

그림자가 저녁으로 건너가고 있다. 서서히 사방으로 흩어져 있던 햇살이 한데 모여 나무 위에 동그마니 붉은 해가 떴다. 분명 붉은 빛이겠는데 넘어가는 해는 은은한 주황빛이다. 나무들과 춤을 추면서 서서히 햇살이 아래로 내려간다. 나무 사이로 지나가면서 노을 자락을 온 하늘에 펼쳐놓는다.

그네를 밀어주면서 내가 가고 있는 인생의 여정과 중첩되었다. 내려가는 해와 점점 나이를 먹어가는 나. 예전을 그리워하면서 머뭇거리는 건 어쩔 수 없나 보다.

환상적인 신비로운 풍경도 한순간이다. 그네 한 번 밀고 해넘이 한 번 보니 둥그런 해가 점점 머리를 감추며 어스름이 찾아든다. 공기도 차가워지는데 아이들은 그네에서 내려올 생각이 없다.

그네를 유난히 좋아하는 자매다. 집안에서도 놀이터에서도 가장 으뜸이 그네다. 큰손녀는 그네 한 번 타겠다고 놀이터에서 늘 줄을 서서 기다리곤 한다. 언니들이 오래 타고 있어도 비켜줄 때까지 다른 놀이의 유혹도 뿌리치고 안타까운 눈빛으로 순서를 기다린다. 집안에 그네를 매면 작은손녀는 저만 타겠단다. 어디서 그런 경쟁심과 독점력이 나오는지.

해넘이 풍경 속으로 그네를 태우면서 시 「문득」을 읊조린다.

문득
보고 싶어서

전화했어요.
성산포 앞바다는 잘 있는지
그때처럼
수평선 위로
당신하고
걷고 싶었어요.

아득한 시간 건너편 내가 그네를 타던 시간들이 손짓을 한다. 문득 함께 걷던 그날도 찾아든다.

(2019년 문학시대)

그리운 송화밀수

문지방에 걸터앉은 여름이 꼬리를 넘기지 않으려고 하더니 어느새 가을이 내려앉았다. 삶의 가을을 험한 모서리에 부딪히지 않으려고 일상을 이어가다, 시간을 마냥 흘려버릴 것 같아 금강산 발치로 가을빛을 만나러 떠났다.

가을 초입, 이석증으로 혼쭐이 난 후에 정신이 번쩍 들었다. 몇 년을 책상에만 앉아 있었더니 면역력 저하된 몸이 아우성쳤다. 먼저 걸어 다니기로 했다.

떠나있던 세월 동안 너무 달라진 서울을 보며 신기방기해하는 나를 지인들은 안타까워하며 어처구니 없어했다. 몇몇은 일에 빠져 있던 어리석음에서 탈피했다고 등을 두드려줬다. 세상 살아가는 즐거움이 다양한 걸 이제야 깨닫는 중이다.

법상은 '내가 만나는 사람들은 곧 나 자신의 내면이 외부로

투영된 결과다. 나에게 주어진 삶의 상황 또한 내 마음의 외적 그림자다. 내 밖의 외부 세계, 그것은 곧 내 안의 실상과 정확히 일치한다'고 했다. 마음의 외적 그림자인 동생들과 출발이다.

설렘을 가득 안고 잘 닦여진 길을 따라 이야기꽃에 취해 미시령터널을 나섰다. 가슴을 적시는 가을빛이 눈과 귀를 매만진다. 아슴아슴 눈짓하는 숲길로 먼저 들어갔다. 일주문을 지나자 매력적으로 휘어진 길에 부도와 동자에게 설법하는 부처상이 마중을 나왔다. 오랜만에 들르는 화암사도 불사가 한창이다. 못 보던 전각이 여러 채 지어진 길을 따라 그동안 숨겨놓았던 계곡이 장관이다. 계곡을 채우는 물소리에 켜켜이 쌓였던 마음의 때가 씻겨 내린다.

신라 진표율사가 창건한 화암사는 금강산 신선봉에서 발원한 신선계곡의 청징한 소와 폭포, 울창한 숲과 기암괴석에 어우러져 있다. 빼어난 풍광을 자랑하며 암벽을 타고 흘러내리는 물소리가 심신을 맑혀준다. 괜스레 분주해지는 마음을 차분히 가라앉히고 나니 더욱 깊어진 가을정취는 오롯이 내 것이다.

고즈넉한 곳을 좋아해 숲속 정경이 그리울 때마다 들르던 산사를 둘러싸고 있는 신선봉과 찻집이 손짓을 한다. 계곡 벼랑에 기둥을 받치고 걸쳐있는 란야원은 수바위와 어우러져 한 폭의 문인화이다. '란야'는 '촌락에서 멀리 떨어져 있어 수행하기에 알맞은 조용한 곳'으로, 이 다원에서 송화밀수(松花蜜水)를 마시곤 했다.

송화밀수는 소나무의 꽃인 송홧가루를 꿀물에 타 잣을 띄운 궁중음료다. 향기로운 송화에 꿀을 탔으니 달고 향기가 뛰어나 한 잔을 마시고나면 코끝에 매달린 향기가 하루 종일 따라다녔다.

십오 년 전 강릉으로 전근 왔을 때 속초에 사는 제자가 구경을 시켜주던 날 송화밀수를 처음 만났다. 그날 이후 속초 생각만 해도 송화밀수 생각으로 군침이 돈다.

그런데 이제는 송화밀수를 마실 수 없다. 이 차를 만드는 보살이 더 이상 만들지 않는다니 정인을 떠나보낸 것처럼 몹시 아쉽고 허전하다. 따뜻한 차를 마시며 바라보던 수바위도 덩달아 미안한 인사를 건넨다.

수바위는 바위 모양이 벼 낟가리처럼 생겼다 하여 이삭 '수(穗)' 자를 쓴다. 찻집에 앉으면 파노라마로 펼쳐진 수바위가 손에 닿을 듯 눈앞을 가득 채운다. 예전에 쌀이 나왔다고 해서 화암(禾岩)이라는 이름이 붙었다는 전설이 있다.

웅장한 수바위는 계란모양 바탕 위에 왕관모양의 또 다른 바위가 있다. 윗면에는 둘레가 5미터 되는 웅덩이에 물이 항상 고여 있어, 가뭄에 이 물을 떠다 기우제를 올리면 비가 내렸다. 마을과 멀리 떨어진 절이라 시주하는 불자가 적어 어려움이 많았다. 두 스님 꿈에 백발노인이 수바위의 조그만 구멍에 끼니때마다 지팡이를 세 번 흔들라고 해, 시킨 대로 하니 두 사람분의 쌀이 나와 양식 걱정 없이 불도에 열중했다. 몇 년 후 객승이 '여섯 번 흔들면 네 사람분의 쌀이 나올 것'이라며 지팡이를 흔들었다. 이게 산신의 노여움을 사 피가 나온 후로 쌀이 나오지 않았다. 항상 과욕이 문제다.

창가 자리에 앉아 창문 밖 풍경 속으로 들어갔다. 바람에 흔들리는 이파리와 나뭇가지들이 깊은 계곡의 물소리와 합창을 했다. 은은한 울림이 춘풍처럼 가슴을 파고들었다. 부채 메뉴판에서 따뜻한 차를 청했다. 송화밀수는 아니지만 향기와 꿀맛이 입안에 가득 퍼지니 송화밀수가 더 그립고 간절했다. 제자가 생글거리며 송화밀수를 예찬하던 기억도 걸어왔다.

이제 어디서 달콤한 송화밀수를 마시며 송화의 향긋함을 느껴보나. 진한 그리움이 물밀듯이 밀려왔다. 차를 입에 머금고 눈을 감고 송화밀수를 그려본다. 그래도 아쉬움은 가시지 않는다. 사람이든 물건이든 있을 때 잘하지 않고 떠난 후에 이처럼 그리워한다.

유리벽으로 들어오는 석양 햇살이 따뜻하다. 오랫동안 수바위를 바라보고 있자니 송화밀수를 그리워하는 애틋함이 잦아들며 가을향기가 몸속으로 파고든다.

(2018년 문학시대)

빛바랜 기억 속의 그림자

흔적이 없는 걸 찾아다니는 건 무엇 때문일까. 다니던 고등학교, 독서실, 살던 집이 그 자리에서 사라졌지만 빛바랜 기억으로 더듬어보았다. 다시 오기까지 오십년이다.

키에르케고르는 '청년은 희망의 그림자를 가지고, 노인은 회상의 그림자를 가진다'고 했다. 어느새 회상의 그림자를 갖는 나이가 됐지만, 예전 모습이 없어졌다고 기억에서 지워진 것은 아니어서 오래전 그림을 찾아 나섰다.

유난히 더운 여름을 보내서 그런지 12월 초인데 한겨울이 선뜻 다가서질 못한다. 그래도 어김없이 섣달에 걸맞은 찬바람을 맞으니 옛 추억이 새삼 그립다. 이달이 가면 새해, 마지막 달력을 물끄러미 쳐다보며 어정쩡하게 자꾸만 뒤를 돌아본다.

경복궁역을 나서자 세종마을이다. 1970년 겨울, 진명여고로 입시원서를 사러 이 마을에 첫발을 디디던 그날도 차가운 바람이 불었다. 당시 모든 상급학교는 시험을 치러 합격해야 진학할 수 있었다. 청평에서 나고 자란 나는 중3 담임선생님의 권유로 서울 진학을 하였다.

내가 중학생이 되자 철원에서 농장을 하시던 할아버지는 뇌졸중의 불편한 모습으로 집에 계셨다. 그때는 병원문턱도 높았고 의술이 발달하지 않아, 달리 해줄 게 없다고 하면 손 놓고 사는 것뿐이었다. 지금도 기억하는 3·3·3은 '3시간 내 생존하면 3일 살고, 3일을 넘기면 3달 살고, 3달을 넘기면 3년 산다'는 할머니 말씀처럼 3년 만에 할아버지는 우리 곁을 떠나셨다. 할아버지가 쓰러지신 후 가세가 급격히 기울고, 아버지 사업이 밑바닥을 쳤을 때 고등학교에 입학했다.

친척집에서 학교를 다니다 방학이면 집으로 내려왔다. 그것도 어렵게 되자 그 당시 효자동 앞에 경복궁 담벼락을 대문으로 한 주택이 몇 채 있었는데, 그곳 하숙집에서 지내기도 했다. 지금 생각해도 궁궐 내 일반주택이 있는 게 납득이 안 되는 70년대 초, 먹고 사는 일이 녹록치 않았던 시대 풍경이다.

고3 되던 해, 두 살 터울인 남동생이 서울의 고등학교에 합격했다. 어른들이 갑론을박한 후 내린 결론은 동생과 자취하라는 거였다. 담임선생님은 자취하다가도 공부만 해야 하는데, 동생을 건사하며 어떻게 대학교 입시공부를 하느냐고 걱정이 이

만저만 아니었다. 그때까지 밥도 안 해본 나는 도시락을 싸면서 자취를 시작했다.

누상동 셋방은 대문을 열면 바로 쪽마루로 들어가는 방으로, 창문을 열면 시끌벅적 사람냄새가 풍기는 골목길이 펼쳐졌다. 주인아주머니는 사사건건 트집을 잡으며 잔소리가 심했다.

대학을 가려면 시간을 쪼개서 공부해야 하는데 '불빛이 새어 나와 잠을 못 자겠다'고 하여 한여름에도 두꺼운 담요로 방문을 씌워 불빛을 막았다. 하나뿐인 화장실은 주인집 부엌을 통해서 다녔다. 밤이면 고양이걸음으로 소리를 죽이며 가곤했는데, '문 여닫는 소리에 잠을 잘 수가 없다'고도 했다. 수도는 두 평 남짓한 마당에만 있어서 그걸 사용할라치면 '시도 때도 없이 물소리가 나서 시끄럽다'는 등 모든 게 잔소리 대상이었다.

그런데도 집에다 이런저런 소리를 못한 건 집에 동생이 넷 있고, 형편이 나아지지 않는다는 어른들 말에 맏이로서 집에 보탬이 되어야겠다는 생각뿐이었다. 대학교에 합격한 후 그간의 사정을 밝혔다. 어렵고 힘들었던 그 시간도 이제는 그리움이다.

빛바랜 기억을 뒤적이며 오십 년 전을 만나려고 누상동과 옥인동 골목을 오르내렸다. 카페와 상점이 다닥다닥 붙어있다. 어렴풋한 길의 윤곽도 잡아낼 수가 없다. 이쯤 같은데··· 다시 수성동계곡까지 올라갔지만 여기도 아니다. 빌라가 총총하게 서 있고, 변신을 거듭한 길과 주택은 내 머릿속의 동네가 아니었다. 빛바랜 그림자를 안고 산 것인가. 그러다 누상동에서 발견한 윤동주 하숙집터, 여기가 소설가 김송 집이었구나. 옛집이 그대로 있었으면 더 좋았을 텐데….

그 다음 살았던 효자동 집을 누비며 찾아보았다. 길가였는데 변해도 너무 변했다. 동네이름이 바뀌어서 못 찾나 싶어 괜히 통인동, 필운동, 청운동까지 찾아 헤맸지만 흔적조차 없다. 오르락내리락 보고 또 둘러봐도 오랜 세월 인적이 더해지고 포개진 모습은 온데간데없고 오늘만이 낯설게 서 있다.

이상 집터를 찾겠다고 몇 바퀴 돌다가 허탕을 쳤다. 세종대왕 탄생 터도 몇 번 들렀다. 그러다 내 인식이 고정된 걸 알았다. 그도 그럴 것이 '윤동주 하숙집터' 팻말은 담에 붙어 있고, '세종대왕 나신 곳' 안내석은 인도에 세워져 있으니, 이 두 형태의 표식으로 찾고자 다람쥐가 쳇바퀴 돌 듯했다. 세종마루에서 역사문화지도를 본 후에야 못 찾은 이유를 알았다. 기억이란 참 묘하다며 웃음꽃을 피웠다. 먼저 인지한 대로 표식에 사로잡혀 다른 게 들어올 틈을 주지 않았다.

활기로 들썩거리는 세종마루에 앉아 삶의 향기가 짙게 밴 시간들을 더듬어보았다. 깊고 그윽한 자락에 얹힌 사람들이 빚어낸 풍경이 오롯이 기억 속에서 유영한다. 최초 인식이 이토록 중요하니 처음부터 지도를 볼 걸 그랬다며 헛웃음을 날렸다.

고등학교도, 효자동 로터리에 있던 독서실도, 살던 집도 흔적이 없다. 그러나 그때 독서실에서 머리를 식히려고 가끔 걷던 청와대 앞길에서 나이테만큼 튼실하게 허리를 키운 은행나무, 소나무, 향나무가 이제 왔느냐며 알은체하며 토닥여준다. 자연과 사람이 얽혀 사람을 품고 있던, 사람의 인연을 읽어내던 이야기를 간직한 채 서 있었다.

(2018년 문학시대)

낯선 곳, 아니 익숙한 곳에서

모처럼의 강릉길이다. 전국을 강타한 메르스 바이러스 때문이 아니라 이런 저런 사정으로 한 주 한 주 미루다 보니 그렇게 됐다. 이십사절기에 맞춘 독서모임을 한 지도 어언 십여 년이다. 어떤 계기로든지 강릉생각을 하면 늘 가슴이 따뜻해진다. 강산이 변한 시간만큼 살던 곳이어서라고 하기엔 답이 궁색하다.

오늘도 새벽바람을 가르며 고속버스는 멈출 줄 모르는 폭주기관차처럼 달리고 또 달린다. 차창 안으로 이렇게 다니던 시간들이 다가왔다 지나간다. 설국으로의 초대, 연둣빛 세상으로의 탈바꿈, 초록색 웅덩이에 빠질 것 같은 녹음, 천상의 색깔로 손짓을 해대는 이파리들까지 계절마다 부지런히 차린 밥상에는 항상 볼거리가 풍성했다. 어디 그뿐인가. 초행길에서 만나 마음을 뺏겨버린 꽃의 이름을 몰라 식물도감과 전문가에게 숱하게 자문 받아서 알아낸 뒤의 그 기쁨은 말로 형언하기 어려웠다.

그렇게 꽃들을 알아가던 차에 만난 자귀나무, 그날의 설렘은 잊을 수가 없다. 햇볕이 정수리에서 화려한 춤을 추고 있어 느긋한 휴일을 보내고 있는데 드라이브나 하자는 친구의 청을 거절하지 못하고 따라나섰다. 친구는 하늘과 땅을 온통 분홍빛으로 물들인 솜사탕나무 그늘로 이끌었다. 달콤한 꽃향기가 반색을 하며 안긴다. 부채처럼 펼쳐진 솜털이 하늘거리며 매달려 있다가 내려앉으며 분홍빛깔 세상을 만들어 놓았다. 은근한 향이 넘실댄다. 자귀나무꽃이 바람의 애무를 받으며 흩날렸다. 몽유도원도 설렘으로 가득한 내게 친구는 "기쁨을 함께하는 나무, 자귀나무야" 했다.

친구는 자귀나무에 대한 이야기를 풀어 놓았다. 합혼목, 합혼수 등으로 불리는 이 나무는 부부금슬을 위해 집안에 심는 나무였다. 밤이 되면 잎이 서로 포개지는 독특한 수면운동 때문에 야합(夜合), 합혼(合昏)이라고 불렸다. 문헌에 의하면 껍질은 정신을 안정시키고 혈액순환을 촉진시키며 부기를 가라앉히고 통증을 멎게 하며 근육과 뼈를 이어주기 때문에 요통, 타박상, 어혈, 골절통, 근골통, 기생충 등의 치료약으로 사용되었다. 잎은 차로 다려 마시고 꽃은 술로 담가 먹었다. 부부금슬이 유난히 도타웠던 친구는 병마를 이기지 못하고 떠난 남편이 그리워 자귀나무를 찾았나 보다.

자귀나무는 산과 들에 자라며 관상수로 심는데 요즘은 가로수로 많이 심어 어디서나 볼 수 있다. 작은 잎들이 모여 하나의 가지를 만들고 이들이 다시 줄기에 달리는 복엽이다. 미모사가 잎을 건드리면 움츠러들 듯이 밤이 되면 마주 난 잎을 서로 포갠다. 소가 자귀나무 잎을 무척 좋아해서 소쌀밥나무라고도 하며, 작은 잎은 짝수로 밤에 잎을 닫을 때 홀로 남는 잎이 없다. 가지 끝에 20여 개의 작은 꽃이 우산 모양으로 달리며 기다란 분홍 수술이 술처럼 늘어져 매우 아름다운 자귀나무는 열매가 콩깍지 모양으로 금세 떨어지지 않고 겨울바람에 부딪혀 달가닥거린단다. 이 소리가 시끄러워 여설목(女舌木)이라고도 한다니 기분이 묘했다.

고속도로 길섶 자귀나무가 기지개를 편다. 밤새 포개고 있던 이파리들이 햇빛을 받으며 꿀맛 휴식에서 깨어나고 있다. 낮에는 햇볕을 많이 쬐려고, 밤에는 물기가 사라지는 걸 최소한으로 하려는 나무의 영리함이 신기하면서도 사이좋은 부부 같다. 그래서 사랑나무라고 부르나 보다. 달콤한 흥분이 온몸을 감싼다.

괴테는 '사람들은 그들이 기대 받는 만큼 한다. 그러니 사람들이 그들의 가장 바람직한 모습이 될 수 있도록 도와주어라. 또 그들이 이미 가장 바람직한 모습이 된 것처럼 대하라'고 했다. 그래서 자귀나무는 아낌없이 내어 주는 건가. 아름다운 꽃나무 그늘 아래 돗자리를 펴면 지상낙원일 것 같은데 밀원이 많아 곤충들이 몰려들고 진득진득해지니까 그럴 수가 없다고 했다. 자귀나무에서의 오후가 꾀죄죄하게 시들어가던 감정을 비우고 상큼함을 채우고 나니 달달해졌다.

연분홍빛 자귀나무는 길을 따라오기도 하고, 산에서 마중하기도 하면서 강릉길을 동행했다. 오랜만에 찾아가는 자귀나무 길은 낯선 듯 익숙한 길이다. 꽃빛 부부애를 지나간 시간으로 보내고 있을 친구에게 자귀나무 그늘로 가보자고 해볼까, 운우지정을 나누던 그때로 시간여행을 가자고 해볼까싶다.

차창을 가득 메우며 동행하는 자귀나무꽃을 보노라니 주역 말씀이 떠오른다. '한번 겸손하면 네 가지 이익을 얻는다. 하늘의 도는 가득 채운 자에게서 덜어내어 겸손한 자에게 더하고, 땅의 도는 가득 찬 것을 바꾸어 겸손한 곳으로 흐르게 하며, 귀신은 가득 채운 자를 해치고 겸손한 자에게 복을 주고, 사람의 도는 가득 찬 것을 싫어하며 겸손한 자를 좋아한다'는 것이다. 주역의 이 말씀이 왜 생각났을까. 사람은 나이가 들수록 겸손의 미덕이 으뜸이라는 생각이 깊어서일까. 겸손하지 않아서 일을 그르치기도 하고, 최악의 결과가 도출되기도 한 걸 많이 봐서일까. 아니면 화려한 자귀나무꽃을 보다보니 겸손해지는 마음이 열어져서일까.

자귀나무의 꽃말은 무엇일까. '가슴 두근거림' '환희'란다. 화사한 꽃모습 그대로다. 역시 마음은 다잡으면서 성찰해야만 하나보다. 오랜만의 강릉길에 나도 모르게 달떠 낯설지 않은 길 위에서 낯선 내 모습과 직면하게 되었다. 익숙한 곳인데 낯선 느낌이었다.

고속버스는 태백산맥 등줄기를 버겁게 오르고 있다. 힘들다고 요란한 소리를 질러댄다. 소리를 지르면 힘든 게 줄어드는 건 사람이나 매한가지인가 보다. 다이아몬드처럼 빛나는 잎들이 화려한 군무를 한다. 순광에 순응하는 것보다 역광에 더 또렷한 윤곽선처럼 자귀나무와의 그날 첫 만남이 역광의 미학처럼 더욱 반짝이며 아름답게 되살아났다.

(2016년 창작수필)

바다부채길로의 시간여행

‘매너리즘에 빠졌을 때는 내면으로 더 깊이 들어갈 필요가 있다. 그래서 자기 삶을 움직이는 힘을 재발견하고, 굳어버린 뇌를 깨우는 적극적인 행동을 해야 한다. 아무런 불편이나 노력 없이 주어지는 편한 자극이 아니라, 적절한 노력과 스트레스를 동반한 건강한 자극이 필요하다. 외부 환경의 변화와 새로운 경험은 뇌를 깨우고 삶에 새로움을 불어 넣는다. 그런 의미에서 여행은 매너리즘에 대한 좋은 처방’이라는 말처럼 가끔 삶을 깨우는 처방이 필요하다.

매너리즘으로 게으른 일상을 이어가다보니 늦가을과 겨울이 손을 잡은 날에 이르렀다. 손을 맞잡은 날, 뒤설레는 마음으로 바닷바람을 맞으며 겨울마중을 다녀왔다. 강릉 헌화로에 매료되어 가끔 들르던 심곡항에서 정동진까지 바닷길을 만든다는 이야기를 들을 때부터 꼭 가보려고 한 '강릉심곡 바다부채길'이다.

어젯밤엔 모처럼 파도가 부르는 소리를 못 본 체 못하고 하얗게 밤을 지새우다 새벽녘에 쪽잠을 잤다. 은빛 아침바다가 손짓을 해대는 통에 정신없이 바다로 나가보니 맨몸을 바위에 부딪쳐 하얗게 포말을 일으키며 반겨준다. 제 몸을 무너뜨리는 파도와 오랜만에 진한 이야기를 나누다 부채길이 궁금하여 서둘러 리조트를 나왔다.

길섶에서 만난 정겨운 어촌의 고즈넉한 풍광과 빼어난 바다경치가 지루함을 덜어준다. 해풍을 맞으며 오랜 시간을 간직한 해송이 햇볕을 솔밭에 내려놓고 있다. 아직 겨울잠에 들지 못한 대지가 늦가을을 붙잡고 졸고 있다.

심곡은 말 그대로 깊은 골짜기다. 골짜기가 얼마나 깊은지 이곳 사람들은 한국동란이 난 줄 몰랐단다. 심곡마을은 해안단구가 솟구쳐 있어 정동진에서는 보이지 않고, 험준한 절벽과 암초가 즐비해 해안 진입을 허락하지 않아 동란에도 피해가 없었단다.

한반도에서 바다에 가장 근접한 도로인 헌화로는 신라 성덕왕 때 강릉태수 순정공과 아내 수로부인의 이야기가 전해진다. 강릉으로 오던 바닷가 길에서 수로부인이 해신에게 납치를 당해 순정공과 일행이 수로부인을 되돌려 받기 위해 '해가'를 불렀고, 수로부인을 위해 한 노인이 절벽 위의 철쭉꽃을 따다주면서

'헌화가'를 불렀단다. 군사지역인 헌화로는 1998년에야 바다를 메워 도로를 만들어 명명됐다. 장엄한 기암절벽과 바다에 떠 있는 듯한 헌화로는 분홍빛 설화를 품고 있어 더 매력적이다.

회색빛 하늘을 머리에 인 심곡항 주차장은 발 빠른 사람들이 차지했다. 바다부채길로 오르니 바다의 교향곡이 장엄하게 울려 퍼진다. 그동안 꼭꼭 숨겨두었던 비경들이 해안절벽을 에워싸고 파노라마로 눈에 박힌다. 말레길을 걸으며 바다에 시선을 맞추며 걷고 또 걸었다. 들거니 나거니 어깨를 부딪치는 바다의 몸짓이 거칠었다. 이곳은 시간이 멈춘 곳, 읽어내지 못한 세월이 내려앉아 있었다.

자연이 빚은 예술품을 온몸으로 감상하며 걷는 바다부채길은 건국 이래 한 번도 민간인에게 개방된 적 없다가 반세기 만에 열렸다. 군부대의 경계근무와 정찰용으로만 사용된 민간인 출입통제구역이었다. 회색 구름을 빼곡히 펼쳐 놓은 바다가 속을 시원하게 뚫어주며 마음의 때를 씻어준다. 한쪽에는 깎아지른 절벽이, 반대편에는 바다가 반겨주는 해안선에 부채처럼 펼쳐진 기암괴석이 억겁의 시간을 담고 있다.

약 이백여 년 전 심곡마을에 사는 이씨의 꿈에 한 여인이 나타나 부채바위에 걸려 표류하고 있으니 구해달라고 하였단다. 꿈이 생생하여 다음 날 부채바위를 찾아갔더니 바위 끝에 나무 궤짝이 걸려있었다. 궤짝 안을 열어보니 세 명의 여신 화상(畵

像)이 있어 서낭당에 모신 후로는 해난사고도 없고 해마다 풍어를 가져왔단다. 이 여신을 모신 서낭당은 팔작지붕에 돌담을 쌓아 마을 중심부인 민가에 앉아있다.

부채길은 중생대 쥐라기부터 백악기 초까지 한반도에서 일어난 지각변동으로 솟아오르거나 기울어진 암석들로 절경을 만들어 놓았다. 곳곳의 기암괴석과 주상절리를 바닷물이 격하게 감싸 안는다. 산비탈은 아슬아슬하게 소나무와 향나무를 붙잡고 있다. 좁은 바위틈에 달라붙어 모진 바람을 이기며 연보라색 꽃을 피운 해국도 앙증맞다. 깎아지른 절벽 틈에서 해국과 야생화가 질긴 생명력을 펼쳐놓고 있다.

부채바위를 지나 얼마 걷지 않아 투구를 쓴 장군의 모습을 닮은 투구바위를 만났다. 고려시대 강감찬 장군이 발가락 여섯 개인 육발호랑이를 백두산으로 쫓았다는 전설이 깃든 바위란다. 투구바위 주변에는 다양한 모양의 크고 작은 바위가 조각공원으로 펼쳐져 있다. 바다가 미친 듯이 울부짖으며 집채만 한 파도를 기암괴석에 부딪쳐 장관을 만든다. 바위에 부딪힌 파도는 폭포수로 흘러내린다. 짜릿한 전율이 온몸에 퍼지며 게으른 세포들을 하나씩 일깨웠다.

이곳은 2,300만 년 전에 지각변동으로 생성된 해안단구로 동해 탄생의 비밀을 간직한 곳이다. 다양한 모양의 바위 군상이 거센 파도에 오랜 시간 동안 닳고 닳아 그대로 작품이 되었다.

발아래로 파도가 들이치고, 미역이 떠다니며 비릿한 바다냄새를 풍긴다. 바위틈에서 동해바다를 안고 있는 나무들이 대견스럽다. 암석을 뚫고 뿌리를 내린 건강한 소나무처럼 삶을 깨우는 내면을 튼실하게 가꿔야겠다.

탐방로에는 해안경계철조망이 그대로 있고, 절벽 곳곳에는 적의 침투를 막기 위한 시설이 남아 있어 분단의 현실을 느끼게 해준다. 말레길이 만들어지기 전에 경계를 섰던 흔적들이 여기저기 박혀 있다.

조금 더 걸으니 정동진 주차장으로 오르는 데크로드가 보인다. 이제 저 길로 올라 반환점을 찍고 다시 심곡항으로 되돌아가면 된다. 해변에는 제멋대로 생긴 돌들이 파도와 몸을 섞고 있다. 몽돌이 되기에는 아직도 많은 시간이 필요하다.

파도가 소리치는 해변에는 쌓아 놓은 돌탑들이 촘촘히 서 있다. 소망을 기원하며 이 돌탑을 쌓으면서 사람들은 자기 내면으로 깊이 들어와 건강한 자극의 삶을 깨웠으리라.

솔향기가 진하게 퍼지는 골짜기로 걸음을 옮겼다. 솔숲의 가파른 계단참마다 뒤돌아서서 가쁜 숨을 잠재우려고 동해의 전경을 눈에 담았다. 다리가 아프고 숨도 찼지만, 지금 이 순간을 가슴에 넣어놓느라 모두들 한 그루 소나무로 서 있었다.

(2017년 창작수필)

뒷동산을 오르며

식목일이다. 오후부터 비가 온단다. 비가 내리기 전에 뒷동산 봄꽃들이 궁금하여 서둘러 나섰다. 아뿔싸! 오전인데 벌써 빗방울이 듣는다. 어쩔까 잠시 망설이는 사이에 게으름이 그 틈을 비집고 들어온다.

방해꾼이 참 많다. 몸이 쉬라고 잡아당기면 생각과 게으름은 짝을 이뤄 따라다니려고 한다. 그래도 내친 김에 다녀와야겠다며 우산을 갖고 다시 나왔다. 길바닥은 마른 곳이 안 보인다. 대로를 나오니 우산을 쓴 사람과 비를 맞는 사람이 반반이다. 요즘 가뜩이나 몸이 반란을 일으켜 달래는 중이라 비를 맞지 않으려고 우산부터 썼다.

뒷동산에는 이미 많은 사람들이 우산과 모자로 비를 가리고 걷고 있다. 집에서 동산 입구까지는 오백 미터지만 이곳에 오려면 대단한 결심이 필요하다. 게으른 습관을 깨기가 쉽지 않다.

나선 김에 허브천문공원까지 다녀오기로 했다. 개나리가 입구에서 줄지어 맞아준다. 진달래, 생강나무도 지천이다. 찔레는 이제야 새싹을 내밀려고 몸부림친다. 아직 새 이파리를 내지 않은 나무들이 많아 비가 고스란히 내게 내린다. 우산에 부딪히는 소리가 오카리나 화음을 따라 어우러진다. 발자국소리는 심벌즈, 시냇물은 클라리넷이다. 감미로운 선율에 몸을 맡겼다. 그런데 평소에 바이올린과 피아노 음률을 내는 새소리가 많지 않다. 벌써 비를 피해 숨었구나. 바람 한 점도 빠질 수 없다며 색소폰소리를 낸다.

일자산공원에는 산수유가 노란 웃음으로 맞아준다. 벚꽃은 봄잠을 자다가 꽃망울을 터트리지 못했다. 벚나무 몇 그루는 이파리를 성급히 내밀었다. 예닐곱 그루의 커다란 백목련나무는 제 세상이라며 하얀 동산을 만들어 놓았다. 여러 색의 철쭉도 꽃봉오리를 내밀며 존재를 알린다. 조팝나무꽃향기가 코를 간질인다. 박태기나무도 자주색 웃음을 보내준다. 봄꽃들의 아우성이 골짜기에 메아리친다. 순차적으로 피던 봄꽃들이 올봄에는 한꺼번에 꽃잔치를 하기로 했나보다.

허브천문공원은 이제야 기지개를 켜려고 한다. 줄지어 놓은 모종이 제자리에 빨리 가겠다고 칭얼대는 소리가 들리는 듯하다. 하얀 속살을 드러낸 자작나무들이 지난겨울은 제 세상이었다며 자랑을 늘어놓는다. 로즈마리가 우람한 화분에 어른 키를 훌쩍 넘긴 늠름한 모습으로 반겨준다. 바람 따라 기분 좋은 향기를 코끝에 매달아 놓는다.

식물원에서는 한라봉 세 개가 농익은 인사를 한다. 이름표를 못 붙인 식물들은 약해진 심신을 보하려고 숨을 고른다. 노부부가 비를 피해 들어와 이곳저곳을 살피더니 한라봉 두 개가 없어졌다며 안타까워한다.

모종한 꽃들이 제각각의 아름다움을 수놓을 날이 벌써부터 기다려진다. 활짝 웃으며 맞아줄 생각에 절로 어깨춤이 추어진다. 더군다나 이곳은 머리 위에서 쏟아지는 별빛에 매료되어 별자리를 찾아보는 재미가 쏠쏠하다.

이곳저곳을 둘러보니 월든 호숫가에 오두막을 짓고 살았던 헨리 데이비드 소로가 생각났다. '속세의 돈을 좇기보단 자연에서 행복을 찾자'며 삶의 의미를 고민한 소로. 정신적 풍요에 가치를 둬 평생 무소유의 삶을 실천한 시인이자 수필가, 철학자였다. 이처럼 올곧은 생각을 실천하는 것이 중요하므로 결정했으면 즉시 실행에 옮겨야 한다. 그런데 요즘은 익숙한 게으름을 따르려고 한다. 하지만 오늘은 우산을 쓰고 뒷동산에 왔으니 첫 단추를 잘 끼운 것 같다.

이틀 후 허브천문공원이 봄단장을 했는지 궁금하여 다시 찾았다. 그새 뒷동산은 꽃동산이 되었다. 벚꽃, 산수유, 개나리, 진달래, 생강나무꽃, 청매화, 홍매화, 자목련, 백목련, 제비꽃, 양지꽃, 꽃잔디, 민들레, 송화에 노란색, 하얀색의 아지랑이 같이 하늘거리는 꽃들도 지천으로 맞아준다. 심지어 박태기, 조팝나무꽃, 산벚꽃도 벙글어 엊그제와는 딴판이다. 여기저기서 저마다 향기를 뽐내며 봐 달라고 미소를 보낸다. 때맞춰 내린 비로 해갈이 되어 꽃신호탄을 쏘았나보다.

가족캠핑장에는 평일인데도 많은 가족이 캠핑을 한다. 행복한 말소리와 웃음소리가 작은 골을 가득 메웠다. "얘들아 재밌는데 가자." "놀이터가 있다고?" "물이 있어야 더 재미있는데!" "여긴 조심해." 하며 큰 아이가 동생들을 데리고 숲속놀이터로 향한다. 행복바이러스가 동산을 가득 채우니 덩달아 기분이 좋다.

뒷동산과 캠핑장을 이어주는 도랑에서 제법 큰 노랫소리가 들려왔다. 겨우내 말라 있었는데 여기도 제 모습을 만들며 봄맞이를 한다. 시늉만 하던 징검다리를 돌아 물길이 내려간다. 청아한 목소리의 냇물이 작은 웅덩이에서 잠시 머물다 간다. 산마루에서 들려오는 새소리가 어른, 아이들 웃음소리에 섞여 협주곡이 된다. 행복과 활기가 넘실대는 가족캠핑장이다.

곳곳에 개나리와 진달래 울타리가 자리를 잡고 서 있다. 이에 철쭉과 조팝나무도 질세라 가세를 한다. 양지꽃, 제비꽃도 자기를 봐달라며 아련한 눈길로 올려다본다. 아주머니들의 분주한 손길에 맞춰 쑥이 검정봉투의 배를 점점 불리고 있다. 핀 꽃과 필 꽃, 진 꽃이 뒤엉켜 눈웃음을 건넨다. 땅에서는 새싹이, 나무에서는 새 이파리들이 몸을 키우며 웃음 가득한 연둣빛 세상을 만들고 있다. 사람들도 우리처럼 어울려 잘 살라고 넌지시 귀띔을 해준다.

환의를 입은 두 무리의 사람들이 다가왔다. 길 건너 환자들이 산책을 나왔나 보다. 잘 닦여진 산책로를 걸으며 운동 겸 가족들과 웃음꽃을 피운다. 이런 행복이 환자의 회복을 앞당길 것만 같다.

인간이 욕심을 부리지 않는다면 충분히 행복한 삶을 살 수 있을 것이다. 소로가 콩코드 숲에서 세상에 얽매이지 않고 살았던 인디언들의 흔적이 고스란히 남아 있는 자유로운 삶을 배울 수 있었던 게 바로 이런 것일 것이다. 자연과 인간, 현대 문명이 어우러진 아름다운 세상을 꿈꾼 소로가 말없이 미소를 짓고 있다.

(2017년 문학시대)

백합나무와 귀울림(耳鳴)

몇 년 전 허균·허난설헌 생가에서 처음 본 늘씬하게 쭉 뻗은 아름드리나무가 눈앞에서 지워지지 않아 좌충우돌한 끝에 알아낸 것이 백합나무였다. 처음 들었을 때 '백합인데 나무라고! 이게 뭐라는 거지' 했었다. 강릉에 전근 와서 배롱나무를 만났을 때도 '백일홍이 나무라고? 더군다나 백일동안 꽃을 피운다고? 화무십일홍(花無十日紅)을 비켜가는 꽃도 있나?' 하면서 고개를 갸우뚱하던 때와 생각이 겹쳐졌다.

우리는 그렇게 만났다. 꽃을 어떻게 피우는지 궁금하여 틈만 나면 달려가 가지와 잎을 뒤적이는 눈길을 멈추지 않았다. 병원에 매인 몸이니 바쁘면 올 수 없는 날이 많아 번번이 해를 넘기다가 서울로 전근되었다. 가까운 것이나 곁에 있는 사람은 언제나 그 자리에 있을 것이라며 미뤄 놓다보니 지난 다음에 안타까움이 더할 때가 많았다.

그 백합나무는 이번에는 그동안 숨겨 놓았던 꽃을 보여줄 건가, 지인에게 꽃이 피었느냐고 물을까, 불쑥 찾아가면 백합나무는 나를 알아보기는 할까, 책례일 아침부터 수선을 떨며 강릉길을 재촉했다. 두방망이질하는 마음은 소나무와 바다가 어우러져 그려놓는 그곳, 백합나무 아래로 내닫고 있었다.

두 달마다의 책례일은 어김없이 24절기를 따라 다가온다. 책례 준비를 위해 왕언니에게 전화를 하니 흔들리는 목소리가 개미허리만하다. 이석증 때문에 고개를 들 수도 없고, 누워있을 수도 없고, 며칠째 집안에서 고군분투 중이라 생활이 엉망진창이란다. 병원에 가보시라 했더니 어지러워서 도통 움직일 수가 없다니 얼마나 괴로우실까싶다. 그쯤에는 회복이 가능할 것 같으니 책례를 하자는 말씀이시다. 서둘러 끊는 전화 속 목소리는 불안했지만 더 이상 어찌해드릴 상황이 아니어서 안타까움만 키웠다.

나도 얼마 전에 '어라… 이게 뭐지… 벌인가, 파리 같지는 않은데… 말벌은 무섭다던데… 이놈이 차 탈 때 따라서 들어온 걸 몰랐나' 자꾸 쫓아보지만 좁은 귓속을 돌아다니는지 정신을 차릴 수가 없었다. 귓바퀴를 손으로 두드려 보지만 도무지 도망가려고 하지 않았다. 어쩐다. 운전 중인데 자꾸 귀로 손이 올라갔다. 귓속에 들어간 것 같아 손가락으로 후벼서 벌레를 쫓아버리려고 했으나 소용이 없다. 이러다가 이놈이 설마 뇌 속으로 파고드는 건 아닐까 슬며시 걱정도 앞선다. 윙윙거리며 날개를 부르르 떠는 소리가 얼굴 전체를 덮는다. 혹시 머리카락 속에 있는 건가싶어 머리카락을 올렸다 내렸다 해도 한번 자리 잡은 놈은 도망갈 기척도 없이 꿈쩍을 하지 않는다.

갓길에 비상등을 켜고 차문을 모두 열고 신문지로 허공을 휘저어도 보고, 머리카락을 올올이 휘날려도 보았지만, 귀에서 날벌레의 날갯짓 소리를 멈추게 할 수는 없었다. 이럴 바엔 차라리 질식시키는 게 빠르겠다며 두 손으로 귓바퀴를 오므려 드나드는 틈새를 없애고 머리를 핸들에 파묻었다. 얼마쯤 지났을까. 누군가 창문을 두드리는 소리에 고개를 드니 교통경찰이 왜 그러고 있느냐고 한다. 자초지종을 이야기하다보니 이놈이 언제 날아갔는지, 질식사 했는지 요동치던 소리가 사라지고 고요함만이 차 안을 채우고 있다.

작년부터 친구들끼리 대학졸업 35주년 여행을 하와이로 가기로 했다. 미국에 살고 있는 친구들과 해후하기 위해서 차근차근 준비하던 어느 날, 한 친구가 이석증이어서 여행포기를 선언했다. 며칠 동안 너무 어지러워 집안에만 있다가 병원 가서 훈장하나 받고 왔단다. 빙글빙글 도는 듯한 심한 어지럼이 1분 정도 있다가 저절로 좋아지는 일이 반복되니, 연구소와 학교를 나갈 수 없어서 휴강하고 받은 성적표라고 한다.

균형 유지에 관여하는 물질인 이석이 귓속 깊은 곳에서 흘러다니기 때문에 발생하고, 어지러운 동안 속이 메스꺼운 느낌이 동반되며 심한 경우 구토를 할 수도 있다는데, 머리가 무겁거나 메스꺼운 느낌은 심한 어지럼이 멈춘 이후에도 한동안 지속되기도 한다는 것이다. 여러 가지 검사를 한 끝에 그나마 다행인 것은 중이염은 아니므로 어떤 치료를 하지 않아도 호전될 거라고 하였단다. 저절로 좋아지기도 하지만 재발이 잘된다는 특징이 있다니 당분간 특별한 일은 하지 말라는 주의사항도 붙었단다.

자기 친구도 이석증이었는데 외국여행을 나섰다가 비행기 안에서 어지럼증이 와서 결국 여행을 포기하였다는 말을 덧붙여 여행포기를 선언한 것이었다. 다행히 그 친구는 아직까지 이석증이 재발되지 않아 일상을 그럭저럭 꾸려가고 있단다.

지금은 많은 것들이 변했고, 바뀌고 있지만 우리가 20대였을 때는 입대한 남자친구들이 무용담처럼 늘어놓는 군대 이야기를 들어주어야했다. 군대에서 일어나는 이야기를 잘 모르는 여자친구들은 신기해하기도 하며, 속상해하기도 하며 그들의 울분을 듣곤 했다.

친구는 어느 날 저녁, 선임에게서 냅다 따귀를 맞은 다음 날 아침에 일어나니 귀에서 가느다란 귀뚜라미 소리가 났단다. 그 날부터 시작된 귀뚜라미 소리가 없어지질 않아 군의관에게 갔지만 치료가 되질 않았고, 제대한 후에 대학병원엘 갔단다. 의

사는 "이명은 소리가 시작된 지 며칠 만에 치료하지 않으면 평생 달고 살아야 한다."고 했단다. 너무 속상했지만 그나마 다행한 것은 소리가 가느다래서 귀뚜라미 친구가 하나 더 생겨 함께 지낸다고 했었다.

그 친구는 지금 어떻게 살고 있을까, 아직도 귀뚜라미와 돈독한 우정을 나누며 살고 있을까, 책례에 참석하면서 백합나무도 만나려는 설렘 속에 친구의 귀뚜라미 울음소리까지 뒤섞여 즐거움은 깊이를 더하고 있다.

강릉에 내리자마자 한달음에 백합나무를 보러 갔다. 목백합, 튤립나무라고도 하는 백합나무는 yellow poplar, whitewood라고 하지만 포플러하고는 유연관계(類緣關係)가 없다고 한다. 탄소흡수량이 가장 많아 가로수로 적합한 백합나무는 원래 미국 동부지방이 고향인데 1900년대 초에 우리나라에 들어와 전국에 널리 퍼져 잘 자라고 있단다. 잎은 황록색에 잎자루가 길고 포플러를 닮은 속성수로서 나무높이가 최고 60m, 둘레가 10m까지 자랄 수 있는 고귀한 멋을 갖춘 나무라고 한다.

그간에 키와 둘레를 얼마나 키웠을까. 콩닥거리는 가슴을 진정시키며 마주 선 백합나무는 건강하고 훤칠한 모습으로 녹황색 튤립 꽃을 피워놓고 기다리고 있었다. 크기가 5~6㎝로 오렌지색인 6개의 꽃잎이 아름답고 고고하다. 충분한 가치가 있는 기다림이었다. 아무것도 그냥 지나치는 것은 없다며 헛되지 않은 기다림에 따뜻한 시선을 보냈다. 가을 백합나무는 밋밋한 몸체에 가지마다 노란 단풍이 붙어 있어 아름답기 그지없었는데, 너무 튀지 않고 고고한 색깔로 피워놓은 꽃송이는 마치 나보다 멋스러운 꽃이 있으면 알려달라고 하는 것 같았다.

충매화인 백합나무에 취해 넋을 놓고 있는데 날벌레들이 꽃속에서 신선놀음을 하고 있다. 아! 내 귓속에 들어갔던 날벌레가 저런 것들이었나. 꽃잎을 뒤적이는 곤충들이 내 귓속에서 날벌레 소리를 만들어 냈다면 이제는 용서해 주고 싶다. 백합나무꽃 진한 향기에서 그날 교통경찰의 선한 눈빛이 섞어 있는 게 보이는 건 웬일일까.

(2014년 문학시대, 2014년 강원여성문학)

매일 같은 길을 다녀도

가을이 오면 남쪽에서 바닷바람이 불어와 따뜻한 초겨울을 보내곤 했다. 온 나라가 눈 때문에 어려움을 겪을 때도 강릉은 아랑곳하지 않았다. 새해를 맞이해야 비로소 눈이 내린다. 이렇게 열 번째 연말을 보내고 있다. 그런데 몇 해 전부터 따뜻했던 연말이 폭설과 추위를 번갈아 넘나들며 분주하다. 기후변화가 원인이라거니, 빙하가 녹아서라거니 여러 이야기들이 분분하게 돌아다녔다. 이 겨울도 칼바람이다. 잠시 주춤했던 내 어깨가 통증으로 들썩이고 있다.

딸아이도 모레면 내 품을 떠난다. 그래서일까. 허전한 마음 때문일 거라며 마음을 다독이고 있는데 서울로 전근할 것 같단다. 와전된 건 아닐까?

생각으로 정리한 건 아무 소용이 없나보다. 그것이 내 일이라면… 더군다나 준비가 덜 된 것이라면… 어쩐다.

내년에 퇴직하면 이곳에 오두막 하나를 마련해 글도 쓰고, 서울과 강릉을 오가며 지인들과 알콩달콩 살려고 했는데. 어떻게 해야 하나. 그동안 은퇴 후를 준비한다고 했는데 막상 하나하나 짚어보니 막막하기만 했다.

운전대 잡은 손에 힘이 자꾸 빠진다. 차창에 부딪히는 쇳소리가 가슴을 헤집어 놓는다. 예식장에 못 와서 섭섭하다거나 자리를 옮겨서 새로운 일에 적응하느라고 힘들다는 이야기며 오늘따라 전화선이 바쁘다.

이 길을 오르내린 건 얼마쯤 될까? 1년에 사오십 회니 400번은 넘었나 보다. 눈 감고도 운전하겠다는 친구의 말이 귓바퀴를 잡아당긴다. 그토록 다녔어도 매번 같은 길을 다닌 건 아니다. 사계절을 온몸으로 받으며 다른 생각과 여러 음악, 마중 나온 상황들이 모두 달랐으니까. 이 길을 처음 다녀간 때는 언제였더라.

맞아, 10년 전 이맘때인 12월 8일 오후에 강릉으로부터 전화를 받았지. 내일 내려오라고. 어떻게 갈까 하다가 망설임도 없이 운전을 하고 갔지. 항상 장거리운전은 내가 하질 않았는데 이젠 이 길을 다녀야하니까 갖고 가자며 다음날 초행길 운전을 했지.

문막휴게소에 들르겠다며 마음먹고 떠난 길이라 문막 표지판만 보고 핸들을 돌렸다 예기치 않은 상황에 당황하는데 "차를 세우지 마시고 전진하세요!"라는 경찰 스피커 소리가 요란했었지. 나 같은 사람이 많아 길목을 지키고 있었구나. 톨게이트를 나왔다가 다시 진입하면서 수업료 지불은 잘한 거라며 다독였지. 휴게소에서 꿀맛 같은 차를 마시고 알려준 대로 계속 앞으로만 갔었지. 북강릉을 지나 현남까지 갔다가 강릉 내려오는 길이 너무 길어 이렇게 가다가는 '북으로 가는 건 아닌가?' 했었지. 그게 강릉길 시작이었지.

계절마다 인연을 맺고 이야기를 담은 이 길을 앞으로 몇 번이나 더 다닐까.

강릉선비가 한양 가던 길 따라 가 봐야한다며 고개마다 복사꽃의 인사도 받으며 6시간 동안 고개를 넘고 또 넘어 서울 가던 날은 '아이쿠 내 허리야!' 했었지. 불타는 차 옆으로 경찰이 손짓하는 대로 주행도 했었지. 그때는 산불구덩이가 내 차도 삼켜버리는 줄 알았는데. 후끈한 열기를 온몸으로 받으면서 지났었지. 휴게소에서 반가운 사람들을 만나 정담을 나누던 일도 많았지. 결혼식과 장례식을 다닐 때는 여러 대의 차로 나누어 타고 오순도순 다녔는데. 그 길에 먹던 아이스크림이며 특색 있는 식사며 어느 것 하나 버릴 것이 없었다.

이렇게 느닷없이 하는 이별도 좋다는 걸 깨닫는 데는 그리 시간이 오래 걸리지 않았다. 어차피 사람은 준비 없이 살아내는 삶이 더 많은데. 어떤 상황이 결정되면 그 상황에 따라 맺고 끊는 습관이 몸에 붙어 있는 터라 그날부터 서울과 강릉을 일사천리로 정리하기 시작했다.

문득 눈앞에서 지워지지 않는 건 '수미일관(首尾一貫)' 네 글자였다. 나는 지금 이 말대로 살고 있는가? '무슨 일이든 처음에 품었던 마음 그대로 끝까지 혼신을 다하면 사람도 움직이고 하늘도 움직인다'는데. 처음과 끝이 한결같기가 쉽지 않기 때문에 그럴 것이다. 참 멋진 말이다. 잠시나마 잡다한 생각을 품었던 내가 부끄러웠다.

나무에 가위질을 하는 것은 나무를 사랑하기 때문이고, 부모에게 야단을 맞지 않고 자란 아이는 올바른 사람이 될 수 없는 것과 같은 이치겠다. 겨울의 추위가 심한 해일수록 봄의 나뭇잎은 훨씬 푸르며, 역경에 단련되지 않는 사람은 큰 인물이 될 수 없다고 한다.

큰 인물은 아니지만 글 쓰는 사람으로서 나를 모루질했던 말들이 순식간에 나를 피해 멀리 가버렸다는 상념에 사로잡혀 고개를 들기가 어려웠다. 그 사이를 비집고 이야기 하나가 걸어 들어온다.

사막을 걸어가는 두 친구에 대한 이야기다.

여행을 하던 어떤 순간에 둘은 다투었고 한 친구가 다른 친구의 뺨을 때렸다. 뺨을 맞은 친구는 아팠지만 아무 말 없이 모래 위에 글을 썼다.

'오늘, 나의 제일 친한 친구가 내 뺨을 때렸다.'

둘은 계속 걸어 마침내 오아시스를 발견하여 거기서 목욕을 하기로 했다. 뺨을 맞고 아팠던 친구가 물에 빠져 익사하려던 참에 친구가 그를 살렸다. 깜짝 놀랐다가 정신을 차린 그는 돌에다 글을 새겼다.

'오늘, 나의 제일 친한 친구가 내 목숨을 구해줬다.'

제일 친한 친구의 뺨을 때리기도 하고 구해주기도 한 친구가 물었다.

"내가 널 때리자 넌 모래에다 글을 쓰더니 지금은 왜 돌 위에다 쓰니?"

그가 웃으며 말했다.

"친구가 우리에게 상처를 줄 때는 용서의 바람이 그것을 지워버리도록 하기 위해 모래에다 써야 하지만, 어떤 좋은 일이 생기면 어떤 바람도 그것을 지울 수 없도록 마음의 기억을 돌에다 새겨야만 해."

어떤 결정이든 올곧은 생각과 행동이 나를 지탱해주는 힘일 것이다. 칼바람이 온몸을 파고들어도, 함박눈이 세상을 다 덮어도, 매일 같은 길을 다녀도.

아이들이 배우자와 인생의 먼 길을 함께 걸어가면서 이런 마음으로 살아주길 바란다. 삭풍을 이겨낸 봄이 더 향기롭듯이.

(2013년 창작수필)

모기를 피해서

짝을 만나 제 길을 성실히 가고 있는 아이들이 환갑이 되기 전부터 환갑여행을 가자고 졸랐다. 환갑이라는 단어가 마냥 낯설어 이리저리 피하고, 어영부영하다보니 내게는 올 것 같지 않은 그 시간이 다가왔다. 더군다나 이렇게 빨리 올 줄이야. 외면하고 싶어서였을까. 어느 날 소리 없이 다가온 그 시간은 내 것 같지가 않았다.

내 생일은 용광로 한가운데처럼 이글거리는 7월 말이다. 햇볕이 뜨거움을 마음껏 끌어올리면 산천초목도 그 열기에 어깨를 늘어뜨리고 그늘만 찾게 되는 그때다. 세상 모든 게 데일 것 같은 여름이 중심을 잡으면 어김없이 어머니의 수고에 깊은 감사를 드리게 된다.

환갑인 작년에는 국내로 가족여행을 다녀왔다. 이곳저곳 구경을 하며 맛있는 음식도 먹고, 외손녀의 재롱에 흠뻑 빠지기도 하면서 의미 있는 시간을 가졌다. 어떤 일이든 과업이든 의미부여가 중요함을 깨달으며 삶의 원천이 가족임을 새삼 알게 해준 소중한 시간이었다. 그 후로는 정신없이 일에 매달려 다른 생각이 들어설 틈을 내줄 수가 없었다. 그렇게 환갑의 해는 쏜살같이 활시위를 떠나 달아났다.

그러나 모든 일은 순서를 기다리고 있다가 조금의 틈만 보이면 머리를 불쑥 내미는가 보다. 공부를 매듭지어야겠다는 일념으로 미뤘던 일들이 새해가 되자마자 봇물 터지듯이 내 앞에 줄지어 나타났다. 하나씩 해결해나가던 중 딸아이가 추운나라로 환갑여행을 가자고 했다. 추운나라로 가야할 이유는 열대지방에서 유행하고 있는 지카 바이러스(Zika virus) 감염증 때문이다. 지카 바이러스 감염증은 세계보건기구가 지난 2월 1일에 '국제 공중보건 비상사태'를 선포한 감염증이다. 주로 지카 바이러스를 지닌 숲모기를 매개로 감염되며, 임부가 감염되면 소두증을 가진 아기를 출산하여 세계적인 문제로 부각되어 있다. 추운 걸 싫어하지만 일리 있는 의견에 따르기로 해 정한 곳이 북해도이다.

딸아이의 따뜻한 설명이 추위를 잊게 해주었다. 일본 열도의 가장 위쪽에 있는 섬 북해도는 세계에서 스물한 번째 큰 섬으로 아일랜드보다 약간 크다. 원주민인 아이누족의 언어로 '아이누모시리'라 불리는데, 이 말은 '인간이 사는 토지'를 의미한다.

'인간이 사는 토지'라는 표현이 운치 있다며 삿포로와 노보리베츠에서 맛있는 음식을 먹으며 참살이 여행을 하자는 것이었다.

결국, 겨울이 끝나자마자 또 겨울로 들어가게 되었다. 모기는 피해야 하고, 여러 날 다녀올 수도 없고, 손녀는 어리다보니 북해도로 방향을 잡았다. 여름을 육십갑자만큼 보내면서 극성을 부리는 모기를 따돌리지 못하고 숱하게 물리면서 지냈는데, 이번에는 모기를 피하는 여행을 하게 되었다. 지구상에 가장 많은 종류와 개체수를 가진 동물이 곤충이라던 어느 곤충학자의 말이 떠올랐다. 덩치 큰 사람이 제 손톱보다 작은 모기를 피해서 다녀야 한다니 이 무슨 아이러니인가 싶다.

정해 놓은 날짜는 후딱 다가왔다. 손녀와 놀 생각에 마음은 벌써 북해도로 날아가 버렸다. 부랴부랴 가방을 챙겨 자는둥 마는둥 눈도 못 뜨는 손녀를 끌어안고 새벽길을 떠났다. 살랑거리는 사월 바람이 모처럼의 여행을 기분 좋게 어루만져줬다. 그토록 세차던 꽃샘추위도 이제는 완전히 풀이 죽어 숨어버렸다.

신치토세 공항도 겨울의 한복판을 지나 봄의 문턱을 두드리고 있었다. 설국은커녕 봄비가 가늘게 내리고 있어 북해도의 첫인상은 의외였다. 마치 서울을 약간 벗어난 듯했다. 공항부터 꽁꽁 얼어붙은 설국을 기대했는데…. 그건 북해도의 이미지를 굳게 만든 가와바타 야스나리의 『설국』 때문이었다. 1968년에 노벨문학상을 받은 『설국』은 일본의 근대 서정문학의 정점을 이루는 대표작이다.

한시를 짓는 할아버지의 영향으로 시조를 수십 편 읊조리며 문학책에 탐닉했다. 그런 맏딸을 위해 아버지께서 『설국』을 사다주셨다. 지금도 기억하는 첫 구절은 '현(縣) 접경의 긴 터널을 빠져 나오자 눈(雪) 고장이었다. 밤의 밑바닥이 하얘졌다. 신호소에서 기차가 멎었다. 건너편 좌석에서 처녀가 일어나 이쪽으로 걸어오더니, 시마무라 앞에 있는 유리창을 열었다. 차디찬 눈의 냉기가 흘렀다….' 에치고유자와 온천장을 배경으로 시마무라를 둘러싸고 게이샤와 미소녀의 미묘한 심리가 복잡하게 전개된 『설국』은 산문시 같은 세련된 문체가 뛰어난 작품이었다. 그날의 감동이 파랑을 타고 일렁였다. 설국에 대한 기대로 옅은 흥분이 온몸을 적셔주었다.

동화책과 동요에 묻혀 생활하는 손녀가 재잘거리며 눈맞춤을 하자고 웃음꽃을 피운다. 봄맞이를 하려는 수목들이 때맞춰 찾아온 이슬비를 보고 함박웃음꽃을 피웠다. 아이를 안고 비를 피해 냅다 건물로 뛰어들었다. 갑작스런 뜀박질로 품에 안겨 있던 아이는 "할머니 머리에 이슬이 있어!" 했다. 우리는 비 맞은 머리를 쓸어내리며 아이의 한마디에 감동 한 덩어리가 쿵하고 가슴 안으로 떨어졌다. 아이의 긴 속눈썹에도 이슬이 내려앉았다.

호텔에 짐만 내리고 삿포로 거리를 돌아다녔다. 비 내리는 거리를 짐작조차 하지 못했던 우리는 이 어처구니없는 상황을 마음껏 즐기기로 했다. 북해도 여행이라 겨울 부츠와 두꺼운 패딩 점퍼, 따뜻한 겨울옷을 많이 가져가자던 딸아이는 얇은 옷이 없는데 어쩔까싶다며 새로운 고민거리를 늘어놓았다. 말 잘 들은 나도 첫날부터 어긋난 단추를 어떻게 고쳐 끼울까 머리를 굴리며 정돈된 거리의 풍광에 빠져들었다. 그다지 낯설지 않은 거리에서 아이들과 함께하니 세상이 모두 내 것 같고 부러울 게 없었다. 모기를 피해서 온 삿포로 길거리에서 향기 짙고 달콤한 이야기꽃을 피우다보니, 지카 바이러스에 대한 염려를 는개가 말끔하게 씻어주고 있었다.

(2016년 창작수필)

누구랑 놀아

"난 누구랑 놀아?"

소꿉놀이 하던 손녀가 읊조린다. 순간 말문이 막혔다. 세 살 반도 안 된 아이의 이 말이 처음에는 무슨 소리인가 했다. 그러다 '나 전달법'의 기막힌 말솜씨에 놀랐다.

둘째 외손은 출산예정일이 여러 날 지나도 세상에 나올 생각을 안 해 유도분만을 하기로 했다. 사랑을 독차지하며 자란 큰 손녀는 태어날 동생 이야기를 들었지만, 아직 실감이 없을 텐데 며칠 전부터 저 말을 하고 있단다.

저녁을 먹고 났는데 아이가 자꾸 내게 안긴다. 열감이 있어 체온을 재니 38.4도. 해열제를 먹였지만 밤새 39도를 오르내렸다. 밤을 새우고 병원에 가니 구내염이 심하단다. 갑자기 웬 구내염일까. 열이 내리면 놀고 열이 오르면 축 늘어져 보냈다.

다음날 다니던 소아과를 갔다. 의사는 “이건 수족구 사촌인 포진성 구협염입니다. 전염력이 있으니 어린이집은 보내지 말고 주의사항은 이대로 하라.”며 표시판에 적혀 있는 걸 내민다.

처음 들어보는 포진성 구협염(疱疹性口峽炎)은 포진성 구내염인 헤르페스 목구멍염으로, 주로 수족구병 바이러스와 함께 콕사키(Coxsackie)A바이러스에 의해 발생하는 장바이러스의 한 종류란다. 여름에 유아나 소아에게 발병해 목구멍이 따갑고 고열이 있어 치유하는데 일주일쯤 걸린단다.

그래서인지 약발이 들 때만 반짝 놀다가 뜨거운 불덩어리가 되면 품으로 파고든다. 애처로이 축 늘어져 나만 바라보는 손녀가 안쓰럽다. 부모가 동생하고 있는 걸 알아서 그런 건가 싶기도 했다. 열이 내려 장난감을 가지고 놀더라도 내가 다른데 신경을 쓰거나 자기에게 눈맞춤을 하지 않으면 영락없이 누구랑 노느냐고 한다. 오로지 나만 쳐다보는 아이 눈에 애잔한 슬픔이 괴어 있다.

지난밤도 한밤중에 울음보가 터져 엄마만 불러댔다. 그 때문인지 열이 오르고 토했다. 어찌하여 잠이 들더라도 밤마다 악몽을 꾸는지 엎치락뒤치락 하다가는 소리를 지른다. 늘 옆에 있던 엄마의 체취를 온몸으로 찾고 있는 건가. 전염력이 있어 산후조리원에 있는 엄마를 보러 가지도 못하고, 일주일을 내게 꼭 붙어서 애절하게 엄마만 찾는다. 아파서 그랬겠지만 혹여 동생 시

새움이 아닐까싶어 가슴이 먹먹했다.

첫째인 아들도 그맘때 심하게 몸살을 앓았다. 두 살 터울로 동생이 태어나자 예쁘다고 쓰다듬다가 어떨 때는 살아있는 인형처럼 목을 잡아당기거나 눈을 찌르기도 했다. 동생을 안고 있으면 동생을 밀치며 품으로 뛰어올라 엄마를 차지해야 했다. 그럴 때마다 아기가 다칠까봐 노심초사하며 놀란 가슴을 진정시켰다. 큰애도 아직 아이인데 늘 야단을 맞아 지금 생각해도 많이 미안하다.

딸은 겨울과 여름에 방학이 시작하자마자 출산을 해 도울 수 있었다. 그래서 이참에 큰손녀와 돈독한 정을 나누려고 좋아했는데 아이가 아파 엄마만 찾으니 난감했다. 게다가 열이 올라 벌건 얼굴로 누구랑 노느냐는 말을 들을 때마다 가슴이 아렸다. 사위는 집에 있는 큰딸과 조리원에 있는 모녀를 보살펴야한다는 책임감으로 매일 왔다 갔다 하고, 딸도 아픈 큰애 때문에 마음이 갈팡질팡했다.

불덩이로 일주일을 보내자 열이 조금씩 내리며 차도를 보였다. 엄마의 빈자리를 메워주기 위해 밤낮으로 눈맞춤을 하였지만 엄마에 대한 그리움의 허기는 여전했다. 낮에는 그럭저럭 놀았으나 밤이 되면 엄마를 더욱 애타게 찾았다. 한번 터진 울음보는 잘 그치지 않아 달래는데 시간이 오래 걸렸다. 안아주고 장난치며 책도 읽어주고, 전래동화도 해주고, 못 부르는 노래도 같이 불러 기분이 좋아지도록 했다. 밤마다 팔베개로 재워 팔이 저렸지만 얼른 나아서 모녀상봉 할 수 있기를 바랐다.

드디어 의사로부터 외출이 가능하다는 말을 듣자마자 그길로 산후조리원으로 내달았다. 구일 만에 눈물바다가 된 모녀상봉이었다. 서로 얼굴을 쓰다듬으며 뽀뽀하고 포옹을 풀지 않아 바라보는 나도 콧등이 시큰거렸다. 퉁퉁 부은 몸에 얼굴은 더 엉망진창이 된 딸아이 얼굴에 진한 모성애가 피어오른다. 손녀는 유리창 너머로 갓 태어난 동생을 보더니 대뜸 "내 동생이야." 그런다.

아이 가슴에 엄마의 분홍빛 꽃물이 스며들자 제 모습을 찾기 시작했다. '누구랑 노느냐'는 말을 줄이며 매일 엄마를 보러간다는 즐거움을 안고 일상을 이어갔다.

"엄마 만나러 가는 게 얼마나 좋아?" 물으니 "엄청엄청 많이 좋아!" 하며 두 팔을 쭉 펼치며 커다란 동그라미를 그리는 아이의 얼굴에 행복바이러스가 넘쳐흘렀다.

(2018년 문학시대)

2.

그 열정의 시간

사랑이라는 성냥불 켜대기

'삶이란 캄캄한 어둠 속에서 끝없이 사랑이라는 성냥불을 켜대는 것'이라고 카뮈가 그랬던가. 양말을 벗으니 시커먼 엄지발톱들이 눈에 머문다. 이제는 새까맣게 변해 새 발톱에게 양보하려고 발끝으로 조금 밀려나와 있다. 3달 전, 눈길에서 넘어지지 않으려 용을 쓰고 하산하며 성냥불을 켜대던 설렘이 찾아든다.

그간 짬짬이 이곳저곳을 걸어 다니는 재미가 쏠쏠했다. 설날이 지나자 눈이 제법 내렸다. 눈까지 오니 겁이 더럭 나 차일피일하는데, 막냇동생이 함께 걷자고 해 원주 백운산자연휴양림에 숙박예약을 했다. 겨울엔 입산금지로 임도만 걸을 수 있대서 겨울풍경을 가슴에 담을 요량이었다.

강변역에 모여 여유롭게 떠났다. 고속도로 오른편엔 눈 쌓인 풍경이, 왼쪽은 메마른 산이 마중을 나와 있다. 남원주 IC에서

10분쯤 들어가니 휴양림이다.

산세의 웅장함에 두방망이질 해대는 가슴부터 진정시키려 '웰빙숲길걷기'에 나섰다. 눈과 얼음으로 뒤덮인 응달진 길을 보고 아이젠부터 찼다. 미끄러지지 않으려고 눈을 땅에 박고 걸음을 옮기니 얼음과 부딪치는 아이젠소리가 청징하다.

다양한 풍경이 눈웃음으로 맞아준다. 나목 사이로 쏟아져 들어온 햇살이 메마른 숲을 다독인다. 소담스러운 눈밭에는 설해목과 한아름 넘는 그루터기가 솜이불을 덮고 있고, 눈밭에 서서 선잠 든 나무들이 고즈넉하게 반겨준다. 수북하게 쌓인 눈, 눈을 녹이려는 햇볕, 세찬 바람이 눈짓을 주고받는다. 바람의 손짓에 눈꽃송이를 뿌려주고, 깊숙한 골짜기로 들어온 햇볕은 얼음판에서 뛰놀고 있다. 양지바른 둔덕의 몽글몽글한 버들강아지는 봄의 서막이다. 나목 위 겨우살이는 녹색의 미모를, 자작나무는 소나무와 짝을 지어 고운 자태를 뽐낸다. 어디선가 날라주는 청량한 숲 향기가 봄을 부르고 있다.

눈과 얼음이 발바닥에 부딪히는 변주곡 선율은 남달랐다. 양지쪽은 눈이 녹아 질척였고 응달 길은 여지없이 얼음주단을 깔아놓았다. 굽이굽이 몇 굽이를 돌아도 얼음길은 쉼 없이 나타나 넘어질 듯 올랐다. 엔굽이쳐 지나가고 오르내리는 길이 우리 삶을 닮았다. 이런저런 일들을 맞닥뜨리며 해결하거나 피하면서 이순의 산등성이를 올랐다.

휴양림 입구부터 정상 부근을 따라 산을 한 바퀴 도는 11킬로미터가 '웰빙숲길걷기'다. 여러 갈래의 크고 작은 폭로로 이뤄진 용수골계곡은 입산금지라 백운정까지 다녀올 참이다.

넓게 닦여진 임도를 따라 오르니 가슴이 탁 트인다. 첩첩이 겹쳐진 산세의 아름다움에 탄성이 나왔다. 그러나 임도를 가득 메운 눈과 얼음은 여전히 발길을 잡아당긴다. 하여 지난여름 울창했을 숲과 맑은 물, 기암괴석이 어우러진 숲속풍경을 그리며 발걸음을 천천히 옮겼다. 미결과제가 있을 때 주위를 둘러보며 차근차근 방법을 찾아내는 것처럼, 아니 유사하게 해결한 방법을 되뇌는 걸로 실타래를 풀듯이.

백운산 정경을 하나하나 고스란히 담으며 걷다 보니 백운정이다. 고갯마루에 서니 시내가 훤히 내려다보였다. 산등성이를 넘나드는 된바람이 몹시 세찼다. 옷깃을 단단히 여몄지만 거세게 밀고 들어오니 막을 재간이 없다. 그간 밀렸던 인연의 정을 정자에서 풀어놓으려던 기대를 소소리바람이 여지없이 밀어낸다.

산등성이를 되돌아 내려오니 봄 향기를 담뿍 담은 햇살이 반겨준다. 임도는 힘들 때 기댈 수 있는 버팀목처럼 세찬 바람을 막고 우뚝 서 있다. 저 멀리 올라온 길을 다시 내려갈 생각에 눈앞이 깜깜했다. 유년에는 다치는 걸 아랑곳 않고 포대썰매를 타고 재빠르게 내려갔건만.

유년의 겨울이 첫눈으로 쌓인다. 눈 쌓인 언덕배기를 힘들게 올라와 순식간에 내려가는 비닐썰매를 타고 얼마나 신나게 놀았던가. 할아버지가 만들어준 썰매를 탈 때면 또 얼마나 재밌었나. 코끝이 시린 계절의 낭만이 찾아든다. 꿈꾸는 일을 찾던 빛바랜 동심도 다가선다. 어느새 인생의 반환점을 돌고 내리막길이다. 묵묵히 맡겨진 소명대로 올라왔던 것처럼 엉거주춤하게 발걸음을 내딛고 있다.

버들강아지가 손짓을 하고, 서너 종류의 새들이 교향곡을 연주하며 숲의 영혼을 어루만진다. 뒤돌아본 백운산 정상은 바람이 불지 않은 듯 고요하다. 시간이 천천히 흐르는 길을 따라 후들거리는 다리를 붙잡고 걷고 또 걸었다. 인생의 내리막길도 이렇게 조심스럽게 걸어야하는 것처럼.

해넘이를 하는 높은 산길은 질척이던 눈을 재빠르게 얼음길로 바꿔놓았다. 엉덩방아를 찧기도 하고, 후들거리는 다리를 달래며 게걸음으로 묘기하듯 걸었다. 산 너머로 몸을 감추려는 해를 따라잡으려고 발가락이 얼얼하도록 서둘렀다. 어둠 속에서 끝없이 사랑이라는 성냥불을 켜대는 것처럼 발가락들이 신발에 부딪히는 소리가 요란했다. 어두워지기 전에 내려와야 했기에 그 촉감에 신경 쓸 겨를이 없이.

'생각은 인생의 소금이다. 먹기 전에 간을 보듯 행동하기 전에 먼저 생각하라'는 말처럼, 산을 오르기 전에 내려올 걸 생각했어야 했나. 얼음으로 뒤덮인 내리막길이 더 힘들다는 걸 알았다면 오르지 않았었을까. 그렇지만 이끼 낀 백운산 계곡을 만나러 다시 와야겠다. 발가락이 또 시커멓게 변할지라도.

(2018년 월간문학)

산목련은 내게 무슨 말을 했을까?

그 산목련은 지금도 나를 기다리고 있을까.

오래전 벗이 내게서 산목련 향이 난다고 해 궁금증을 못 참고 무작정 오대산으로 들어갔다. 숨겨놓은 그리움을 앞세우며 개망초가 하얀 웃음으로 반겨주는 계곡을 따라 산목련을 찾기 시작했다. 나무마다 허둥대며 눈길을 주다 노란 암술을 둘러싼 자주색 꽃술의 흰 꽃과 맞닥뜨렸다. 초록 산수화를 배경으로 벙글고 있는 나무에 온몸이 얼어붙었다. 진주빛 미소로 그윽하게 쳐다보는 함박꽃나무, 산목련이었다. 그날 이후 나는 산목련이 되었다.

십오 년 전 독서모임을 하면서 애칭을 정하기로 했다. 불과 몇 년 전부터 오십년 이상의 걸맞는 일화를 갖고 있는 회원들은 '나무' '샘물' '해밀' '밤비' '운서' 등으로 할 때 나는 당연히

'산목련'이었다. 첫 작품집을 출간할 때 문단의 어르신이 '산리'라는 호와 함께 '산목련'의 옥인을 손수 조각해 축하선물로 주셨다. 이렇듯 산목련과 나는 일체였다.

문인들이 불러주는 따뜻한 음성을 귀에 매달고 다니면서 가끔씩 소금강에 올라 그 산목련과 마주했다. 지난밤 칭얼대던 빗줄기에 추웠을까 봐, 때로는 꽃망울이 얼굴을 내밀었을까 봐, 또 어느 날은 꽃이 졌을까 봐 부리나케 산속으로 들어와 촉촉해진 마음으로 마주하곤 했다. 그럴 때마다 산목련은 내게 무슨 말을 했을까.

물 흐르듯 사는 게 최고의 가치라고 믿는 내게 잘 하고 있다고 했을까. 너무 서둘러 올라오다 돌부리에 부딪히면 아프니까 찬찬히 오면 된다고 했을까. 이제 꽃을 붙들고 있기 어려우니 어서 꽃을 보러오라고 바람에게 전언을 넣었을까. 소금강이나 산목련을 떠올리면 그 나무가 몹시 궁금해진다.

서재에서 바라본 북한산이 녹색 병풍을 두르고 시선을 붙잡는다. 초여름으로 접어드니 채색했던 꽃들은 열매 맺기에 열중이다. 삶이 면면히 흐르는 골짜기를 따라 들려오던 생명의 소리가 방을 가득 채운다. 숲의 바람처럼 뒤척이며 며칠을 보냈다. 그 산목련에게 무슨 일이 일어난 건 아닐까.

강릉을 떠난 지 벌써 육 년째. 올해도 수려한 꽃을 피워 그 자태에 반한 친구를 만들었겠지. 활짝 웃는 함박꽃과 꽃봉오리에서 나오는 그윽한 향기가 새소리 자욱한 산자락을 메웠겠지.

그곳에 가면 유난히 크게 들리던 산목련 웃음소리가 궁금해져 그를 만나러 두방망이질해대는 가슴을 앞세우고 가 봐야겠다.

(2018년 문학의집 · 서울 자연사랑문집)

뻐꾹뻐꾹!

어린 시절 한동안 나를 지켜주던 우리말이 있었다. 지금도 그 생각을 하면 마음이 단단해지며 주먹을 불끈 쥔 손에 힘이 느껴진다. 그건 순전히 내 방식대로의 나를 위한, 나를 지키기 위한 잊을 수 없는 말이었다.

"뻐꾹뻐꾹!"

어린아이가 또박또박 밤길을 걸어 집으로 돌아가면서 무서움을 이기려고, 밤마다 뻐꾸기 소리에 화답하며, 마중 나온 할머니에게 안기던 그 길섶에 어김없이 내려놓던 말이었다.

지금도 기억이 생생한 1960년대 중반 시골 초등학교 4학년 어느 봄날, 전교생을 운동장에 모아 놓고 선생님들이 키가 큰 남학생과 여학생을 뽑았다. 우리는 영문도 모른 채 뽑혀 그날부터 배구를 시작했다. 매일같이 뛰고 구르고 땀에 젖고, 흙범벅

이 되며 온몸이 부서지도록 운동을 한 후, 옥수수빵 한 덩이를 먹고 집으로 향했다. 겨우 마중물을 넣은 펌프질로 물을 받아 고양이 세수만 하고, 시간도 알 수 없는 초저녁 어둠 속으로 타박타박 포장되지 않은 십리 길을 걸어와야 했다. 오른쪽에는 야트막한 산이, 왼쪽에는 물줄기가 어깨를 나란히 걸치는 길이 었다. 요즘도 잘 닦은 십리 길은 어른걸음으로 사오십 여분 걸린다. 그때 내게는 한 시간 반을 넘기며 걸어야 했던 길로 무섭고 힘들기만 했다. 녹초가 되어 집으로 가던 그 길에서 반갑게 만난 뻐꾸기 울음소리는 무서움과 고단함을 모두 잊게 하는 묘약이었다.

"뻐꾹!" 그러면, 나도 "뻐꾹!"

"뻐꾹뻐꾹!" 하면 나는 "뻐꾹뻐꾹!"

주거니 받거니 하다보면 할머니 음성과 모습을 만날 수 있었다. 공장을 운영하시던 할머니께서는 일을 접자마자 그 먼 길을 어린 손녀 혼자서 올 생각에, 구르듯 어두운 길을 내려오셨다는 이야기를 하시곤 했었다. 그렇게 해서 시작한 9인제 배구, 학년이 오를수록 후위에서 전위로 포지션이 바뀌며 전위센터는 6학년까지 내 차지였다.

정수리에서 폭포수로 쏟아져 내리는 미리내, 북한강 물줄기의 두런거리는 소리, 소나무 숲에서 바람이 수런거리며 지나던 그 길에서, 뒤죽박죽된 내 생각과 몸을 토닥여주며 동행한 건 뻐꾸기 울음소리였다.

"오늘도 뻐꾸기와 함께 왔니?"

할머니의 따뜻한 품속으로 안기면 무섭고 지친 몸이 녹아내리곤 했다. 커다랗게 두 팔을 벌려 안아주시면서 할머니의 정겨운 목소리가 이어졌다.

"오늘도 운동하느라 힘들었지? 몸이 튼튼해야 공부도 잘한단다. 너무 힘들면 운동 그만 둘래?" 하시면서, "수컷은 '뻐꾹 뻐꾹' 울고, 암컷은 '삐삐삐삐' 하며 울지. 그런데 뻐꾸기란 놈은 제 둥지를 만들지 않고, 남의 둥지에 알을 낳아 다른 새가 키우게 하는 얌체 짓을 하지. 사람도 그런 사람이 있단다. 내가 열심히 일을 해서 남한테 폐 끼치지 않는 사람으로 살아가야 한단다."

그 음성이 아직 내 귓가에 머물고 있는데, 무서움을 이겨내던 "뻐꾹뻐꾹!" 소리와 함께 할머니도, 뻐꾸기도 어디로 떠나간 걸까. 그 빈자리는 언젠가부터 내가 서성거리고 있었다.

(2015년 문학의 집・서울 서울문학인대회 문집)

나무 위의 나무, 겨우살이

겨우내 언 땅이 녹아내리기 시작한 봄 입구에서였다. 산그늘 밑에다 대궐을 지어 놓은 살얼음판이 호시탐탐 손님을 기다리고 있어서 큰일을 당할까봐 엉거주춤하게 걷고 있었다. 누가 보면 신기한 세상이 펼쳐 있어 잔뜩 웅크리고 땅만 내려다보는 줄 알 정도였다. 예민하게 신경을 돋우고 거북이 목을 하느라 힘들었던 어깨를 열고 하늘을 바라보았다. 청징한 하늘을 배경으로 눈앞 나무는 나무 위에다 초록세상을 펼쳐놓았다. 처음에는 나무 위에 커다란 덩치로 앉아 있는 게 까치집인가 했다. 궁금하여 다가가니 한동안 잊고 지냈던 겨우살이가 튼실하게 집을 짓고 맞이했다.

경기도 시골에서 태어난 나는 할머니한테서 산천초목의 이름을 들으며 자랐다. 동생이 태어나면서부터 엄마 대신 내 차지였던 할머니는 책을 많이 읽으셨고, 이야기도 재미있게 해주셨다. 서울에 사셨던 할머니는 어머니가 첫째인 나를 잉태하니 공기 좋은 곳에서 살자고 하셨단다. 어릴 적 살던 집은 울 뒤로 야트막한 동산이 있고, 앞에는 커다란 개울이 있었다. 아버지가 하시던 공장은 개울 건너편에 있었다.

낮에는 할머니의 손을 잡고 개울을 오가면서 나무와 꽃 이름을 배우며 자랐고, 밤이면 등잔불 밑에서 할머니가 해주시는 이야기를 들으며 컸다. 손오공이 하늘을 날아다니며 적을 무찌르거나, 관우와 장비가 험상궂은 얼굴로 천군만마를 제압할 때는 너무 무서워 할머니의 등 뒤로 숨었던 기억도 엊그제 같다. 나를 유난히 귀애하셨던 할머니께서는 눈 속의 초록 생명인 겨우살이 이름도 알려주셨다. 그때의 광경이 파노라마로 눈앞을 가득 채운다. 까마득하게 잊고 지낸 시간들이 물밀듯이 달려든다.

이 세상에는 다양한 사람들이 어울려서 살아가고 있다. 각양각색의 생김새만큼이나 다양한 마음으로 살고 있을 것이다. 보통의 많은 사람들은 옳은 생각으로 바르게 살아가지만 모두 그렇지 않은 걸 많이 보았다. 남이 한 것을 자기가 한 것처럼 가로챌 때도 있고, 허언으로 여러 가지 피해를 입힐 때도 있고, 때로는 몸과 마음에 상해를 입혀서 사회문제를 일으키기도 했다. 이렇듯 기상천외한 일들이 쏟아져 나와 귀에 들려오고 있다.

그중에서 남의 눈치 안 보고 자기 잇속만 차리는 사람들인 얌체가 있다. 얌체족이 선량하고 순박한 사람을 속여먹듯이 새나 나무도 얌체가 있다. 뻐꾸기는 남의 둥지에 알을 낳아 박새로 하여금 새끼를 기르게 하는 새 나라의 얌체이고, 나무 나라의 얌체는 겨우살이다.

겨우살이는 겨우겨우 간신히 살아간다 해서, 또 겨울에도 푸르다고 하여 겨울살이라고 불렸는데, 한자로는 동청(凍青), 겨울에도 푸른 나무인 걸 보면 겨울살이에서 이름이 유래된 것도 같다. 겨우살이는 기생하여 살아가는 습성으로 기생목이라고 한다. 일부는 광합성작용으로, 그리고 숙주나무에서 영양분을 보충하며 빌붙어 살아간다.

서양 사람들은 겨우살이를 생기, 사랑, 생식력을 상징하며 귀신을 내쫓는 산성한 나무로 여겨, 크리스마스 파티가 열리는 방문간에 걸어 놓고 그 아래에서 입을 맞추고 청혼을 했다고 한다. 작년 겨울에 이것을 상술에 이용한 우리나라 제과업체가 있었다. 전국 매장마다 겨우살이 나무 조형물을 설치해놓고, 나무 아래서 키스 인증사진을 찍어 홈페이지나 인스타그램에 업로드해 참여하는 행사로 '미슬토(겨우살이) 나무 아래서 키스하세요!'였다. 매장마다 키스 인증사진을 찍는 진풍경이 펼쳐졌다. 서양의 크리스마스 풍습을 이용한 상술에 많은 사람들이 참여해 눈길을 끌었단다.

또, 유튜브에서는 '겨우살이' 하나로 미국의 한 대학생이 수많은 여성들로부터 키스를 받아내 화제가 됐다. 미국 트리뷴의 시카고 지역 방송 WGN-TV는 시카고 드폴대학교 학생 블레이크 그릭스비(21)가 크리스마스 장식에 흔히 쓰이는 미슬토(겨우살이 나무줄기)를 이용하여 처음 보는 여성들에게 총 64번의 키스를 받아냈다고 보도했다. 등에 매달린 막대기 모양의 장치를 머리 위에서 직각으로 구부려 그 끝에 겨우살이를 매달았다고 했다.

영국의 톰(26)과 엠마(22)도 머리에 미슬토를 매단 채 런던 길거리에서 키스를 많이 받는 대결을 한 결과 톰은 9번, 엠마는 18번 키스를 받았단다. 크리스마스 풍습을 이용한 기발한 일들을 겨우살이 얌체 행각이라고 해야 하나, 번뜩이는 아이디어의 승리라고 해야 하나, 동서양을 막론한 화제성 행사에 입맛이 떫어졌다.

식물학이 전공인 친구는 쉼 없이 겨우살이 실타래를 풀어놓는다. 겨우살이는 큰 나무 위 높다란 가지에 붙어서 자라는 나무 위의 작은 나무다. 모양은 풀 같으나 겨울에 어미나무의 잎이 다 떨어져도 혼자 진한 초록빛을 자랑하기 때문에 늘푸른나무로 분류된다. 이른 봄에 황색 꽃이 피고, 가을이면 굵은 콩알만 한 노란 열매가 열리며, 맑은 날 햇살에 비치는 반투명 열매는 영롱한 수정처럼 아름답다. 나무 위의 나무에서 꽃을 피우고 열매를 맺다니 놀라웠다. 바이러스가 사람 몸속에서 번식하는 것과 유사한 이치겠다.

더욱 놀라운 건 종자 번식이다. 열매는 과육이 잘 발달되어 까마귀, 산비둘기, 까치와 같은 산새들이 숨넘어가게 좋아하는 먹이란다. 배불리 열매를 따먹은 산새가 다른 나뭇가지로 날아가 배설할 때, 육질의 일부와 씨앗은 소화되지 않고 그대로 나온다. 씨앗에는 비신(viscin) 물질이 들어있어 이것이 마르면서 마치 방수성 접착제로 붙여 놓은 것처럼 단단하게 가지에 달라붙어 눈비가 와도 나뭇가지에서 떨어지지 않는단다. 알맞은 환경이 되면 싹이 트고 뿌리가 돋아나면서 나무껍질을 뚫고 파고들어가 어미나무의 수분과 필수영양소를 빨아먹고 살며, 잎에서는 광합성을 조금씩 하여 모자라는 영양분을 보충하는 삶의 여유를 즐긴다니 점입가경이다.

또 종자가 새의 부리에 붙으면 잘 떨어지지 않아 이것을 떼어내기 위해 산새들은 나무의 수피에 부리를 비벼대면 수피 사이로 떨어진 종자가 발아하여 번식한단다. 단순히 자연의 신비라고 하기엔 설명이 빈약하다. 기생식물이지만 처절한 몸부림으로 번식을 위해 진화한 점이 놀라웠다. 어미나무 입장에서 보면 분통 터질 노릇이겠지만 뽑아버릴 수도 없고 하소연할 아무런 수단방법도 없으니, 고스란히 당하면서 살아야하는 운명이겠거니 해야겠다.

아직 떠나지 못한 겨울바람이 안간힘을 쓰며 겨우살이를 밀어내려고 몰아치는데, 겨우살이는 그네를 타는 아이처럼 즐겁다. 어느 곳에서나 득이 있으면 실이 있는 이치인가. 시루봉을 타고 내려오는 서지마을 바람이 어느새 고분고분해졌다.

한방에서는 가지와 잎을 말려 강장·진통제로 사용하여 고혈압, 신경통, 관절통 등의 증상에 탕이나 환제로 복용한단다. 이를 보면 사람에게는 이로운 식물이지만 나무의 양분을 빼앗아 가므로 삼림에는 유해한 식물일 것이다.

겨우살이에는 항암성분인 비스코톡신이 많이 들어있어 암을 다스리는 겨우살이요법(mistletoe therapy)이 인기를 끌고 있다고 한다. 약용이라고 알려졌으니 사람들이 겨우살이를 다 없앨 것 같다고 했더니, 친구는 그렇지 않아도 산에 있는 겨우살이가 모두 박살나고 있다고 했다. 약에 좋다면 싹쓸이하는 습성도 얌체족의 특성인데, 얌체족 겨우살이가 더 얌체인 사람에게 모진 수난을 당하는 것 같아서 씁쓸했다.

친구는 사람들의 얌체 습성에 손사래를 치면서도 하던 이야기를 멈추지 않는다. 땅에 뿌리를 박고 다른 나무들과 필사적인 경쟁을 하는 초목들과 달리, 우듬지에 빨대 모양의 질긴 기생뿌리를 깊게 박아 어미나무의 관다발에서 수액을 빨아들이고, 파고든 뿌리가 관다발을 막아 시름시름 말라 죽게도 만든단다. 천천히 자라지만 오래 살고, 숙주식물이 죽으면 자연적으로 죽는 겨우살이는 세계적으로 나무 200여 종에 900 남짓한 종이 더

부살이를 한단다. 상록관목인 겨우살이는 신갈나무, 팽나무, 물오리나무, 밤나무, 배나무, 자작나무 등에 기생하는데, 그 나무에 그 겨우살이만 깃든다고 하니 이것도 보통 인연은 아닌 것 같다.

끝날 줄 모르던 친구의 설명도 차츰 논두렁의 물이 잦아들듯 옴츠러들었다. 대숲의 수런대는 소리가 소나무숲속을 지나 시루봉으로 오르다 겨우살이를 어루만지며 웃는다. 햇볕도 함께 다독이며 살아가자고 기운을 보태며 거들고 있다. 호방한 할머니의 인자한 말씀이 송죽 사이에서 나지막하게 들린다. 생전에 늘 그러하셨듯이 겨우살이 습성은 평생 멀리하고, 부지런히 몸을 움직여 벌고, 나누며 사는 법을 자식들에게 일러주라고 단비 말씀을 들려주신다.

(2016년 문학시대)

뭉크전, 그 열정의 시간

왜 이렇게 여유가 없는 것일까? 병원에 다닐 때는 매인 몸이라 포기도 빨랐는데 지금은 욕심이 과해서일까? 무릇 욕심은 화를 부른다던데….

지나간 시간들이 빛의 속도로 명멸한다. 보고 싶은 전시회를 안 보면 후회할 것 같아 올해가 가기 전에 서둘러 '뭉크전'을 보러 갔다.

전시회 관람에 재미를 붙인 건 여고 1학년 때부터다. 그때는 음악회나 전시회, 연극, 오페라를 관람하고 입장표, 브로슈어와 함께 감상문을 써 제출했다.

대학에 입학해서는 화요일 강의를 1시간만 신청해 듣고 전시회를 다녔다. 오전 10시에 수업이 끝나면 분홍빛 기대와 설렘을 안고 연건캠퍼스에서 창경궁 돌담길을 지나 인사동, 안국동,

충무로를 거쳐 명동까지 전시회 감상의 길이 이어졌다. 전시회 순회는 약간씩 궤도를 달리했으나 대개는 명동의 '코스모스백화점' 8층 갤러리에서 멈췄고, 충만한 감정을 갈무리하면서 고전음악감상실 '필하모니'에서 노곤한 다리와 함께 클래식의 바다에 빠졌다. 얼마 전 동인들과 그 시절에 만난 전시회, 시화전을 이야기하면서 사십여 년 전의 시간과 마주했었다. 그 감흥이 아직도 가슴을 촉촉하게 적셔준다.

청명한 하늘에 가을이 내려앉은 날, 그리움을 앞세우고 간 뭉크의 전시회에는 수많은 사람들이 운집해 있었다. 표현주의 선구자인 에드바르드 뭉크(1863~1944)는 사랑, 불안, 고독, 슬픔 등 인간의 보편적인 감정을 상징적으로 그렸다. 왜곡된 형태와 다채로운 색감을 통해 내재된 감정을 표출하고 강렬한 영혼의 풍경을 완성하였다. 이런 독특함이 내게 강한 인상을 안기며 형언키 어려운 감정의 소용돌이를 경험하게 해줬다.

뭉크는 어린 시절에 자주 아팠다. 어머니와 누이를 결핵으로 잃고 성년시절 대부분을 떠돌며 알코올을 남용하고 무기력한 생활방식을 고수했지만 80세까지 살았다.

전시회 타이틀은 '에드바르드 뭉크 영혼의 시'였다. 작품들은 '영혼의 현대적 삶'과 '실존적인 장면들' '에로스' '강렬함과 생명력' '밤의 방랑자'로 극적인 표현력을 마음껏 펼쳐 놓았다. 대중적 이미지를 적극 부각시키려 애쓴 것처럼 자화상이 먼저 달려와 맞아줬다.

깊고 대담한 표현력의 자화상 중 '지옥에서의 자화상' '팔뼈가 있는 자화상' '스페인 독감 직후의 자화상' '유리 베란다에서의 자화상' '담배를 든 자화상'에서 형언키 어려운 감정의 복합체 속으로 몸이 빨려들며 머리칼이 쭈뼛거렸다. 가족과 주변 환경에 대한 초기작에서도 혼신을 다해 붓질을 했을 작가와 조우했다.

전시는 '뭉크 - 그 자신에 대하여' '새로운 세상으로' '삶' '생명력' '밤'으로 펼쳐놓았다. 회화와 판화뿐만 아니라 뭉크가 제작한 영화도 상영했다. 영화는 발명 초창기 작품답게 장대비가 내리는 흑백필름이지만 작가의 번뜩이는 생각이 고스란히 녹아있었다.

이어 '새로운 세상으로'는 보헤미안 철학과 인상주의를 공부하던 파리와 니스에서의 작품들과 작가의 손에서 재탄생된 시인과 철학자들이었다. 판화나 회화로 존재감을 드러낸 '보헤미안들' '한스 에게르' '헨리크 입센' '골스테인' '옵스트펠데르' '말라르메' '니체' 등이 말을 걸었다. 기라성의 시인과 철학자들이 전시장을 돌아다니며 '잘 왔다'고 행복의 방망이로 내 어깨를 두드려주었다. 인상파의 영향을 받아 그린 '생클루의 센 강' '야외에서'는 모네의 그림과 중첩되며 작가의 열정이 붓끝에서 전해졌다.

1890년대 회화 연작인 '생의 프리즈'는 '탄생부터 죽음까지 - 사랑의 시작, 만개, 투쟁과 시듦, 불안과 죽음'을 묘사해 화폭에 담았다. 인간의 근본적이고 실존적인 경험과 만난 '삶'은 '병실에서의 죽음' '임종의 자리에서' '병든 아이' 등 죽음의 짙은 그림자가 화면 전체를 덮었다. 색감과 형태가 화폭을 채운 '저녁' '멜랑콜리' '달빛' '해변의 두 여인'도 좋았다.

불안의 최고조를 표현한 A4 크기의 '절규'는 무채색으로 표현해 불안의 무게가 붉은색 표현보다 덜 느껴졌으나 절규의 무게감은 더 깊게 다가왔다. 색감을 달리해 차이를 대조적으로 나타낸 같은 제목의 '불안' '숲을 향해서' '키스' '두 사람 - 외로운 이들'도 여럿 있었다. 사랑과 고통인 '뱀파이어' '키스' '질투' '매혹' '이별' '사랑의 파도 위에서' 작품 앞에서는 감정의 소용돌이에 파묻혀 시시각각 변하는 나를 추스르질 못해 붙박이처럼 서 있게 만들었다. 인간의 다양한 감정을 고스란히 표출해내게 만드는 그림 앞에서 심연의 감정들과 부딪히며 나인 듯 그인 듯 교류했다.

'큐피트와 푸시케' '욕망' '불현 듯' '어린 창부' '재' '생의 춤' '마돈나' '여자'는 욕망에 사로잡힌 인간 군상을 만나는 착각을 했다. 실존적 장면들과 혼신의 에로스를 만나게 하는 '붉은 방의 울고 있는 누드' '웅크린 누드' '앉아 있는 누드' '화가와 모델'은 마치 뭉크와 손을 맞잡고 감정의 소용돌이에 휩싸였다가 녹아내렸다.

자연의 섭리와 삶의 기쁨인 '태양' '건초 만드는 사람' '남자 누드' '한여름' '붉은 절벽가의 목욕하는 여인' '암초 위의 목욕하는 남자들' '정원의 사과나무' '만개한 과일나무들' '눈 속의 거친 나무 등걸' 등 '생명력'에서는 생명의 힘을 만났다. 대담하고 깊은 붓 터치가 넘치는 생명의 에너지를 발산하며 내게 생명의 힘을 상승시켜줬다.

'달빛 아래의 자화상' '별이 빛나는 밤' '밤의 정취' '베란다 계단에서'의 '밤'에서는 밤이 오길 기다리는 마음으로 두 팔을 벌리고 서 있었다. 까만 밤 풍경의 강렬함과 생명력에 취해 관람을 하였다. 서둘러 전시를 보러 오길 잘했다며 '대구머리 요리를 먹는 자화상' 앞에서 가쁜 숨을 몰아쉬었다. 여유를 못 찾고 답답해하던 격정적인 감정도 다소 풀리며 다리가 후들거렸다.

이번 전시는 유화, 판화, 사진, 드로잉 등 백여 점의 작품이 소개된 회고전이다. 뭉크의 삶에 대한 열정과 인고의 시간들이 파노라마로 펼쳐지며 깊은 예술혼이 내게 진한 여운을 남긴 열정의 시간이었다.

모처럼 여유롭게 미학적 사유의 깊이를 키우고 철학적 소견을 넓히면서 관람해서인지 마음이 평온해졌다. 어쩌면 작품과 마주하며 여러 감정의 찌꺼기들을 털어내서 그런지도 모르겠다. 멀지 않은 미래에 오슬로, 파리, 코펜하겐, 베르겐 등으로 뭉크의 붓질 궤적을 만나러 다녀오고 싶게 만든 전시회였다.

(2019년 문학시대수필가회 사화집)

바람 부는 날에 아르누보 컬렉션을

봄 향기 머금은 바닷바람이 앞섶을 헤집었다. 새까만 하늘이 바다로 나가는 길을 막고, 발 디딜 곳만 비춘 가로등빛에 밤벌레들이 마구 달려들었다. 주상절리를 애무하는 파도의 음성이 귀에 감겨, 서둘러 들어와 밤바다 파도의 협주곡을 들으며 섭지코지에서의 하루를 꺼내보았다.

섭지코지에 도착하자 우뚝 솟은 성산일출봉이 바다 건너에서 손짓하며 이십년 전의 뜨거움을 불러냈다. 국가부도로 몰아치는 사회변화와 여러 시스템의 도약적인 전환을 위해 그야말로 눈코 뜰 새 없었던 때였다. 관리자로서 경영진과 아랫사람 사이를 조율해야 할 일이 많아 고민도 깊어 몹시 지쳐있었다.

사람들이 뛰어오르는 길을 나는 깊은 숨을 몰아쉬며 무거운 다리를 하나씩 옮기며 걸었다. 그나마도 힘들어 가파른 계단을 올려다보며 퉁퉁 부은 다리를 핑계로 다시 내려가려고 했다. 그때 아이들이 잡아주고 밀어줘 거친 숨을 몰아쉬며 올랐던 일출봉이었다.

분화구는 빙 둘러 서 있는 바위봉우리 아래, 커다란 사발모양의 너른 원형경기장형태였다. 마그마가 다량의 물에 섞이면서 솟구쳐 화산재와 화산력을 화구 주변에 켜켜이 쌓아 만들었다. 이 분화구 안에 무수히 많은 생물들이 드센 바람에도 서로를 보듬으며 살아가고 있었다.

커다란 돌도 날려 버릴 만큼 세찬 바람에 눈도 뜰 수 없고 몸을 가누기가 어렵게 마구잡이로 불었다. 방향을 구분할 수 없을 바람이 몰아쳐 더 이상 서 있지 못하고 주저앉았다. 자존감이 바닥까지 추락하고 심신이 나약해진 힘든 시간을 보낼 때여서 그런지 이런 바람이 싫었다.

그러다 눈앞을 맴도는 낙엽을 발견했다. 지난겨울을 거치면서 바싹 마른 낙엽들이 바람결에 휘둘리고 있었다. 그런데 온몸을 바람에 맡기고 즐기는 것 같았다. 이 바람만 지나가면 떠돌지 않고 땅에 앉으니까 기다리자며 다독이고 있었다. 억센 바람을 실감한 그날, 속을 끓이던 심신을 추스를 실타래를 찾았다. 휘몰아치는 바람이 내게 준 보약이었다.

섭지코지는 기막힌 해안절경과 노란색이 신명나게 춤추는 유채꽃밭, 조랑말의 목가적인 풍경을 펼쳐놓았다. 해안능선절벽 아래의 선돌바위는 촛대 모습으로 용왕 아들과 선녀 이야기를 담고 맞아줬다.

이곳에서 목욕하던 선녀를 본 용왕의 막내아들이 선녀와의 혼인을 간청하자 용왕은 백일 후 혼인을 약속하였다. 백일이 되던 날 갑자기 바람이 거세지고 파도가 높아져 선녀가 하늘에서 내려오지 못하자 용왕은 "네 정성이 부족하여 하늘이 혼인을 허락하지 않는다."고 해 막내아들은 슬픔에 잠겨 선 채로 바위가 되었다. 그날의 사랑을 방해한 거친 바람이 오늘도 엄청나게 휘몰아쳤다.

이름값을 톡톡히 하는 바람의 언덕에서, 손주들은 거센 바람에 비틀거리면서도 웃음꽃 만발이었다. 머리카락이 제멋대로 얼굴을 감싸고 모자가 자꾸 벗겨졌다. 눈을 뜨는 게 쉽지 않아도 우리들의 웃음꽃은 사그라들 줄 몰랐다. 악마의 정원 섭지코지는 매우 거친 암편들이 뒤엉켜 드센 바람에도 꿋꿋했다. 오름의 붉은 흙빛과 유채꽃, 바다를 보듬는 햇살이 뛰노는 가슴을 토닥여줬다. 우리가 걷는 인생길도 그러하니 개의치 말고 즐기라고 했다.

바람과 맞서며 오르다보니 제주의 아름다운 자연을 재료로 공간을 짓고 채운 '안도 다다오' 설계의 유민미술관이 나왔다. 딸이 야심차게 나를 위해 준비한 곳이라 두방망이질 해대는 설렘이 앞장섰다. 제주 모습을 펼쳐놓은 풍경을 따라 땅 밑으로 자연을 겸허히 받아들이며 들어섰다.

입구는 길 양쪽으로 돌의 정원이었다. 억새가 사각대는 바람의 정원을 지나니 물의 길이 고요하게 열렸다. 물소리가 잦아들 무렵, 길 끝에서 맞닥뜨리는 차경은 강렬했다. 돌담을 두른 긴 창에 일출봉이 그림처럼 갇혀있었다. 바람이 불지 않는 날이면 바깥이 어딘지, 안쪽이 어디인지 상상하기 어렵겠다. 높은 벽을 따라 내려가니 육중한 철문 안에 오직 그 작품만을 위해 설계된, 낭시파 유리공예 '유민 아르누보 컬렉션'이 기다리고 있었다.

1894년부터 약 20여 년간 유럽 전역에서 일어났던 공예디자인운동인 아르누보의 유리공예 작품들이었다. 미술사나 디자인에서 의미 있는 프랑스 낭시 공예품들이 유려한 몸짓을 뽐냈다. 에밀 갈레와 돔 형제, 외젠 미쉘, 르네 랄리크의 작품들은 주로 자연주의적 소재와 영감을 표현했다. 아르누보 작품은 지금까지 본 유리공예와 달랐다. 화려하고 섬세하고 뭐라 표현할 수 없는 감흥이 온몸에 밀려왔다. 거기에 딸의 마음이 고스란히 전해졌다. 내게 이 선물을 주려고 돌도 안 된 둘째를 종일 업고 다녔다. 뜨거운 고마움의 울음이 일출봉을 만들 듯 솟구쳤다.

전시는 영감의 방, 명작의 방, 아르누보 전성기의 방, 아르누보와 아르데코의 램프로 나뉘어져 있었다. 그림은 물론 가구, 유리공예, 보석, 스테인드글라스, 포스터 등 장식미술을 통해 예술을 일상으로 끌어들이려고 한 흔적을 고스란히 느낄 수 있었다. 공예기술에 아르누보의 미학적 가치가 더해진 작품들이 나를 신세계로 이끌었다. 자연에서 모티브를 얻은 덩굴식물이나 담쟁이 등을 유리에 유연하고 유려한 곡선무늬로 새겨 넣었다.

현무암벽에 둘러싸여 전시된 각양각색의 등과 병, 물품들이 눈을 사로잡았다. 자연친화적인 미술관과 잘 어울렸다. 거센 바람을 맞고 지나오니까 이렇듯 아름다운 전시를 볼 수 있듯이, 우리들이 살아가는 모습도 일희일비하지 말고 이렇게 자연친화적으로 살아가길 소망했다.

작품에 흠뻑 젖었다 전시관을 나오니 삼다도의 바람이 격하게 마중을 나왔다. 바닷바람을 맞으며 정지용의 시 「바람」을 나도 모르게 흥얼거렸다.

바람.
바람.
바람.

너는 내 귀가 좋으냐?
너는 내 코가 좋으냐?
너는 내 손이 좋으냐?

내사 온통 빨개졌네.

내사 아무치도 않다.

호 호 칩어라 구보로!

거친 바람에도 재잘거리며 빨갛게 물든 아이들을 보면서 내 마음도 붉은 달콤함에 젖었다.

(2019년 토지문학제 기념사화집)

보랏빛 웃음을 위하여

초록 숲에서 벌개미취와 달개비가 보라색 웃음을 풀어놓는다. 쑥부쟁이, 맥문동도 끼어들며 보랏빛 인사를 한다. 뒷동산에선 상수리와 밤이 아람을 떨구고 있다.

환승할 정류장에 내리니 요란한 소리를 내던 앰뷸런스 소리가 뚝 그친다. 사람들의 웅성거림이 크다. 고개를 돌리니 십여 미터 앞에 사람이 쓰러져있다. 응급구조사들의 손놀림이 바쁘다.

며칠 전 나도 앰뷸런스에 실려 갔었다. 늘 먹던 감기약에 아나필락스 쇼크(항원항체반응에 따라 야기되는 중증의 전신반응, 혈압저하에 따른 쇼크증상)가 갑자기 왔다. 오심과 구토, 설사, 호흡곤란에 열꽃이 온몸에 피어 가려움이 극에 달했다. 혈압이 속절없이 떨어져 초응급 상태로 치료를 받았다. 응급처치가 늦어지면 수분이내 급격히 치명적이 되는 걸 많이 본 터였다.

그로부터 한 달도 안 돼 이번에는 밖에서 쓰러졌다. 목과 얼굴이 붓고 복통과 열꽃, 호흡곤란이 순식간에 왔다. 다행히 옆 사람에게 119를 불러달라고 한 후였다. 사람이 없는 곳에서 그랬으면 어쩔 뻔했나싶게 연거푸 응급환자가 되었다.

간호학을 공부한 나는 건강에 자신이 있었다. 그런데 나이가 들면서 몸이 보내는 신호가 많아졌고 급기야 이런 일을 경험했다. 저기 쓰러진 사람도 남의 일 같지가 않았다. 진료시간이 가까워 환승하면서도 내 시선은 쓰러진 사람에게 고정됐다.

퇴직을 한 친구도 외국에 가서 쓰러졌는데 출근하던 간호사에게 응급처치를 받아 소생했단다. 귀국하자마자 심폐소생술교육을 다시 받아 필요하면 도울 준비를 마쳤단다. 의료인인 나도 어디를 가든지 비상시 할 일을 알아두고 순서를 되뇐다. 비상상태를 대비한 물품의 종류 및 보관 장소, 대피통로 등을 확인하고 리더로서 지휘할 순서를 머리에 그려놓는다. 생명을 지키는 일은 누구나 해야 하는 일이다.

한 30년 전에 컴퓨터가 발달하면서 미래직업군에 대한 논의가 있었다. 과학의 발달과 기계화가 급속히 진행될수록 많은 직업이 사라지지만 사람을 상대로 하는 직업은 남을 거라는 게 중론이었다. 현재 인공지능 발달과 사람의 수명이 늘어나면서 관련분야 종사자의 수요가 급증했다. 고된 일이라 기피하면서 여전히 수요를 채우지 못하고 있다.

더군다나 대학교에서는 취업 위주로 학과를 재편성하면서, 사람들을 위해 미래에 꼭 필요한 문학이나 심리학 등 인문학이 줄고 있어 안타깝기 그지없다. 사람을 다루는 학문은 사회의 근간이므로 반드시 강화해야 한다. 그래야만 보랏빛 웃음을 만방에 마음껏 풀어놓을 수 있을 것이다.

(2019년 문학의집 · 서울 서울문학인대회 문집)

봄빛을 받은 오타루

신치토세 공항부터 우리를 맞아준 봄비를 데리고 하루 종일 돌아다녔다. 는개에서 이슬비로, 가끔은 장대비까지 장단 맞춰 내리는 빗속을 실로 오랜만에 걸었다. 비를 맞으면서도 웃음꽃을 피우는 우리의 향기로움을 시샘하듯 북해도의 사월 봄비는 그칠 생각을 잊은 듯했다.

"오겡끼데스까!"

딸아이가 설원에서 홀로 안부를 묻는 '러브레터'의 한 장면처럼 일어나자마자 두 손을 뻗으며 말했다.

"와따시와 겡끼데쓰."

엉겁결에 맞받아치고 보니 그것도 웃음꽃이다. 영문을 모르는 손녀도 이에 질세라 덩달아 두 손을 올리고 몸을 살랑거리며 웃는다. 아침부터 3대가 펼치는 따뜻한 정경에 가족들이 빙그레 웃음꽃을 보탠다. 행복바이러스가 신이 나 어깨춤을 들썩인다.

삿포로부터 따라온 비는 한 시간 남짓 걸려 오타루에 들어서니 풀이 죽었다. 예스런 거리를 마음껏 돌아다니고 싶은 마음을 읽었는지, 눈의 고장을 덮고 있던 먹구름도 차츰 동쪽으로 흘러간다. '무언가를 간절히 원하면, 온 우주는 그 소망이 실현되도록 도와준다'던 연금술사의 말이 통했나 보다.

오타루는 과거와 현재, 바다와 태양, 덴구산(天狗山)과 눈이 어우러진 도시다. 항구도시인 이곳은 메이지시대 말기에 지어진 건축물이 많이 남아 있고, 석탄을 선적했던 운하와 창고가 제자리를 지키고 있다. 청어잡이로 먹고 살던 사람들은 부두가 들어서자 삿포로의 외항으로 러시아와 활발한 교역을 했다. 너른 부두 다섯 개가 지난날 번창했던 모습을 간직하고 있었다.

운하 보존운동으로 창고나 건물들이 고급 음식점이나 주점, 유리 공예관, 골동품 매장 등 추억과 낭만을 가득 담고 재탄생해 볼거리가 풍부했다. 백여 년 전으로의 시간여행을 도와준 특색 있는 매장을 둘러보면서 상념에 젖었다. 단조로운 자신의 인생에 회의감을 느껴 '자아의 신화'를 찾아 여정을 떠난 연금술사의 '산티아고'가 매장을 둘러본다면 어떤 말을 했을까. "지구에 있는 모든 것은 끊임없이 변화하고 있지. 이 지구는 살아있는 존재니까. 정기를 가진 땅덩어리"라는 말에는 어떤 대답을 했을까.

중국과 유럽에서 보았던 운하와 어떤 차이가 있는지 살피는데 두 돌을 넘긴 손녀가 갑자기 뛰어다닌다. 맑은 날씨에 사람들이 많아서 기분이 좋아졌나 보다. 뛰어다니는 손녀의 모습과 어릴 적 딸의 모습이 겹치면서 삼십년 전의 기억이 고스란히 되살아난다. 딸도 저렇게 웃음꽃을 피우며 신나서 뛰어다녔는데, 어느새 나는 외할머니라는 이름표를 하나 더 달았다.

아담한 운하 주변에서 물을 끼고 살던 선조들 모습이 파노라마로 펼쳐진다. 지금을 살아가는 사람들과 중첩되며, 위풍당당하게 서 있는 대형 창고들이 화려했던 위용을 뽐내고 있다. 배 두 척이 관광객을 태우기 위해 물살을 가르며 다가왔다. 좌우로 갈라지는 흰 물결에 다리 아래 묶어놓은 나룻배가 심하게 흔들렸다.

모든 게 궁금한 손녀는 "저건 뭐야?" "이건 뭐야?" "할머니, 배 타고 싶어!" 하며 질문을 퍼부었다. 물살을 가르며 달려온 배에서 서너 명이 기우뚱거리며 하선했다.

운하를 가까이에서 본 것은 십여 년 전 중국에서다. '강남수향'이라는 주제로 상하이 주변에 있는 물의 도시를 돌아보며 낮에는 사진촬영을, 밤에는 감상평을 했다. 그곳 사람들은 진흙탕 빛깔의 운하 물로 머리를 감고 빨래하며 음식재료도 씻었다. 이 광경을 보고 불편한 마음으로 식사를 했는데, 일행 중 몇 명이 심하게 배탈이 나 고생했다. 마음먹은 대로 모든 게 몸으로 나타난다며 쓴웃음을 지었다.

운하 반대편 길에는 덴구산의 눈 녹은 물이 잘 흘러내리도록 수로를 만들어 놓았다. 수로에는 청정자연의 시냇물이 깨끗한 목소리로 합창을 하며 흐른다. 바다를 등지고 맑은 물소리를 귀에 담으며 산의 설경에 심취해 있는데 딸이 영화 이야기를 들려줬다.

'러브레터'는 이와이 슌지 감독의 슬프도록 아름다운 사랑 이야기다. 연인 이츠키가 죽은 후 히로코는 중학교 졸업앨범에서 옛 주소를 발견하고 편지를 보냈는데 생각지도 않은 답장이 와 편지를 주고받는다. 편지를 보낸 사람은 이츠키의 중학교 동창으로 같은 이름을 가진 여자. 이츠키의 몰랐던 학창 시절을 알게 되며 추억을 회상한다. 덴구산 정상에 오르면 영화에 나온 벚꽃나무, 자작나무숲과 시내를 볼 수 있단다.

오타루는 영화 스토리의 자연풍경과 과거 시간의 존속으로 더 아름다운 경관을 만들었다. 과거와 현재가 공존하고 산책로를 수놓은 가로등 불빛이 낭만적이어서 '일본의 베네치아'라 불린다.

시가지를 한눈에 담고 싶어서 덴구산 전망대로 향했다. 오르는 길은 언덕의 도시로 불릴 만큼 급경사가 많았다. 경사가 급해질수록 차가 뒤로 밀릴 것 같은 조바심으로 손잡이를 힘주어 잡았다. 손녀도 카시트에서 손잡이를 잡으려고 버둥댔다. 낑낑대는 모습에 잠시 밀쳐놓았던 웃음보따리가 터졌다.

골목에 쌓인 눈이 점점 높아지는 '지고쿠자카(지옥 언덕)', '후나미자카(급커브 길)' 등 언덕 몇 개를 오르고 나서야 케이블카 타는 곳에 도착했다. 주차장에는 집채만 한 눈이 곳곳에 쌓여 있고 우리가 타고 온 차만 썰렁하게 있어 을씨년스럽다 못해 스산했다. 관광객이 있건 없건 시간 맞춰 운행하는 케이블카가 오히려 고마웠다. 이렇게 썰렁한데 올라가야하나 망설이는데 딸은 세상이 온통 우리 것이라며 신나했다.

'병 때문에 한가함을 얻어 나쁘지만 않으니, 마음 편한 게 약이지 다른 처방 없다네.'라는 소동파의 시구가 떠올랐다. 다른 면을 볼 줄 아는 딸을 보면서, 매순간 마음자세에 따라 값지고 소중할 수 있다는 의미를 다시금 깨달았다. 하늘에서 바라본 시가지가 햇빛을 받아 더없이 따뜻했다.

(2018년 문학시대 동인사화집)

용늪에 안겨서

대암산을 오르니 용늪이 품에 안긴다. 구름 아래서 초록물결이 춤을 춘다. 녹색 속삭임이 물밀듯이 달려와 봐달라고 청한다. 출렁이는 바람결 따라 가슴이 두방망이질 친다. 상큼한 오월 바람이 뺨을 간질이며 눈웃음을 보낸다.

국내 람사르 습지 1호인 용늪은 '하늘로 올라가는 용이 쉬었다 가는 곳'으로, 반만년 전에 형성된 고층습원의 순수습원식물들이 서식하는 자연생태계의 보고다.

백 평 남짓한 늪은 초록파도를 넘실대며 하늘을 담아 은빛포말을 일으킨다. 일렁이는 물결을 타고 『노인과 바다』가 떠올랐다. 늙은 어부가 85일 만에 청새치를 잡아 3일 밤낮으로 상어와 사투를 벌여 앙상한 뼈만 배의 옆구리에 매달고 귀항했다. 자연에 순응하면서도 어려움을 헤쳐 나가는 어부의 우직함이

든든했다. 그런데 눈앞에 펼쳐진 이 늪은 반만년 동안 무수한 일들을 견뎌낸 것 같아 놀랍고 경이로웠다.

"용늪은 국내에서 보기 드문 이탄습지로, 이탄층은 식물이 죽은 뒤에 썩거나 분해되지 않고 그대로 쌓여 이루어진 갈색 층이어서 스펀지처럼 말랑말랑합니다. 늪은 평균 1m인데 깊은 곳은 1.8m나 됩니다. 이탄층에서 추출한 꽃가루를 분석하여 습지가 처음 만들어진 시기를 밝혀냈답니다." 보통 1㎜ 이탄층이 쌓이는데 1년이 걸리니 '티끌 모아 태산'을 이룬 것이다.

산꼭대기는 1년에 170일 이상 안개에 싸여 습도가 높고, 5개월 이상 영하의 날씨라 춥고 적설기간이 길어 이탄층이 잘 발달하였다. 안개가 올라가는 날이 많아 마치 용이 승천하는 모습이어서 '용늪'으로 붙여졌단다. 해발 1,300m나 되는 산 정상에 용출수도 없이 오로지 비가 모여 만들어진 늪이다.

탐방로를 걸으며 다양한 생물들을 만났다. 대암사초, 산사초, 삿갓사초 등 22가지 사초류 군락이 반갑다며 손을 흔든다. 덩달아 답신을 보내는 내 어깨도 들썩거린다. 이 사초들이 늪을 유지하는 비결이다. 비밀을 들킨 사초들이 보내주는 미소에 나도 덩달아 웃어준다.

이곳에만 터를 잡은 귀한 생물, 끈끈이주걱과 통발 같은 희귀한 식충식물도 있다. 처음 들어보는 닻꽃, 깃대종과 세계적 멸종위기종인 기생꽃과 금강초롱, 조름나물, 비로용담, 동자꽃

등도 서식하니 별천지이다. 늪 가운데에 폭 7~8m인 연못이 두 개 있는데 물고기는 없고 미생물, 물벼룩과 장구말이는 많고 도롱뇽과 물두꺼비, 개구리도 식구란다.

습지의 명당 전석지대 주변에 사는 쉬땅나무와 산철쭉이 분홍빛 웃음을 보내준다. 풀잎들이 서로 보듬고 부딪히면서 나직한 목소리로 말을 건넨다. 이대로 친구들과 자식 낳고 살아갈 테니 또 오라고 한다.

"성숙하다는 것은 다가오는 모든 생생한 위기를 피하지 않고 마주하는 것을 의미 한다."고 심리학자 프리츠 쿤켈이 말했다. 오천 년의 어려웠을 시간을 혼자서 견뎌낸 용늪이 대견스럽다. 보이지 않는 시간을 통해서 지금의 기적을 만들어낸 생명의 경이로움에 온몸의 세포가 살아나고 있다.

(2019년 문학의집 · 서울 자연사랑문집)

나, 살고 싶어!

다시 새해를 맞았다. 해마다 새해가 오건만 이번에는 남달랐다. 3년 전에 시작한 공부를 끝내고 맞이하는 새해였다. 그동안 미뤄놓은 것들이 고개를 들고 먼저 봐달라고 아우성이다. 그중 동인들과의 모임을 한 차례 건너뛴 터라 강릉길부터 찾았다.

"나, 살고 싶어!"

백수를 바라보던 9대 종부 시어머니가 떠나던 날을 전하는 10대 종부의 이 한마디가 반 년 만에 만나 반가움으로 달떠있던 시간을 멎게 하였다. 숨을 멈춘 탄식이 온몸을 휘감으며 어떤 몸짓도 허락하지 않았다. 종택을 올려다보는 동인들의 눈동자가 급하게 요동쳤다. 침 넘어가는 미세한 소리만 방안을 가득 메우며, 목울대 너머로 깊은 슬픔이 물밀듯이 몰려왔다. 어떤 말이 필요할까. 우리는 종부가 며칠 전 시어머니를 떠나보낸 이야기를 새해벽두부터 숨죽이며 기다렸다.

그분과의 인연은 십오 년 전부터다. 어느 봄날, 자주 들르던 강릉의 맛집 주인이 자신의 종택에서 기품 있는 시어머니를 소개했다. 여든을 넘긴 9대 종부는 온화한 미소를 머금고 음식재료를 손질하고 계셨다. 따사로운 햇볕도 한 발자국 뒤에서 어르신을 비췄다. 고개를 가볍게 끄덕이며 사람을 대하는 모습에서 품격이 전해져왔다. 그렇게 간간이 인사드리며 지내다 편찮으셔서 병원 일을 몇 번 봐드렸더니, 이후로는 뵈올 때마다 두 손을 잡아주며 이런저런 고운 말씀을 들려주셨다. 계절마다 송죽이 어우러진 맑은 햇살을 받으며 손질하는 재료에서도 어르신의 향기가 피어올랐다. 사시사철 갈 때마다 진달래꽃 화전과 신선로, 영계탕을 비롯한 정갈한 음식이 나왔다. 음식을 마주하면 으레 재료를 손질하시던 모습이 떠오르곤 했다.

어느 해 가을날 보게 된 어르신의 문집에서 난향 가득한 문장들을 만났다. 동인들과 함께 시간 가는 줄 모르고 문집이야기 속으로 빠져들었다. 글을 다루는 솜씨도 예사롭지가 않았다. 그렇게 각별해진 시간을 쌓아갈 때마다 안부와 감사의 인사를 건네는 눈빛에는 언제나 정과 향기가 넘쳤다. 세세한 안부로 시작하며 다정한 눈빛을 보내주실 때에는, 오래전 여든 무렵 돌아가신 할머니 생각이 겹치며 가슴이 포근해지곤 했다. 부지런한 손놀림으로 조리실이나 종택에서 재료를 손질하시는 모습은 친정 어머니를 뵙는 듯 반가웠다. 손주 이야기며 병원 다니던 이야기와 회복과정에 대한 소식도 간간이 들려주었다. 그렇게 도타운 정을 쌓다가 나는 다시 서울로 전근이 되었다. 이번 나들이 길에도 뵈려고 했는데….

지난해 십이월 끝 무렵, 대수롭지 않은 마음으로 시어머니의 접질린 발목을 치료하러 병원엘 가게 됐다. 의사는 접질린 발목은 치료하지 않고 몇 가지 검사를 한 후에, 며칠 안에 운명하실 것 같으니 대비하라고 했다. 청천벽력을 맞은 가족들에게 일주일 남짓한 시간이 어르신과의 마지막 인연이었다. 그날도 여느 날과 다름없이 식사와 활동을 하여 죽음의 그림자가 곁에 와 있으리라고는 전혀 생각하지 못했다. 며느리는 부랴부랴 흩어져 있던 자손들을 부르며 시어머니의 병상을 지켰다. 정갈하고 다정한 인품과 총명한 기억으로 그간 인연이 있었던 사람들을 일일이 거론하며 감사의 인사와 함께 보고 싶다고 했다. 아플 때 도움을 받은 나에게도 감사하다며 특별히 강조했단다. 시어머니는 입원한 며칠 동안 수시로 며느리에게 "나, 살고 싶어!" "나 살려줘!" "죽고 싶지 않아!" 하셨고, 그때마다 종부는 유구무언의 돌부처가 되었단다.

삶이란 이런 것인가. "죽고 싶지 않으니 살려 달라"는 애절한 모습을 차마 마주보지 못한 며느리는 그때의 감정이 되살아나

이야기를 멈추고 연신 눈물을 닦았다. 눈시울을 붉히며 숨죽여 듣던 동인들도 흐르는 눈물을 주먹으로 닦아냈다. 백수(白壽)를 바라보면서도 그토록 강한 삶의 애착을 보인 것은 무엇 때문이었을까. 삶이란 이렇게 강한 애착으로 빛나는 걸까. 이승에서의 삶은 우리에게 빌려준 그렇게 짧은 시간이었나. 혹여 삶이 껴안았을 뜨거움은 아니었을까. 복받치는 감정을 추스르지 못하고 그분의 말씀에 각인된 가슴만 조용히 쓸어내렸다. 아니, 상념을 밀치고 들어오는 생각의 자락에 몸을 맡겼다.

경포호수를 옆구리에 끼고 에둘러 바다로 나갔다. 바닷물과 몸을 섞어 웬만한 추위에는 얼 생각을 미뤄놓던 호수는 두꺼운 얼음판을 만들어 철새들의 놀이터가 되었다. 호수 가운데 얼음뚜껑을 크게 열어 놓은 경포호수는 철새들이 자맥질하면서 실컷 먹으라고 곳간 빗장도 풀어놓았다. 그분의 자애로움이 여기로 옮겨온 것일까. 얼음 물색이 더 깊고 투명하게 빛났다.

경포바다는 언제나 그랬듯이 제 할 일을 쉼 없이 하고 있다. 삶과 죽음에 초연한 모습으로 파도를 만들어 내고 있다. 밀려왔다 하얗게 부서지는 포말 속에서도 그분의 엷은 미소는 또렷했다. 마치 '며칠 전에 나 만나러 오지 이제야 왔느냐'고 하는 것만 같았다. 진한 그리움이 파도를 타고 내 몸속으로 막무가내로 들어왔다.

병원에서 삶과 죽음을 오가는 환자를 만날 때마다 생명에 대한 무한한 경의를 느끼곤 한다. 특히, 임종이 임박한 환자가 가느다란 생명의 끈을 끈질기게 붙잡고 있을 때이다. 이때는 종종 외국에 사는 사람이나 자손을 못 만난 경우로, 그 사람이 귀국하여 환자의 손을 잡고 이야기를 하고나면 생명줄을 놓는다. 이는 이승에서 꼭 만나고 떠나야 할 사람이 있을 때 무의식이 그렇게 작용하는 것 같다. 임종순간까지도 누군가를 기다리는 일, 그 사람의 목소리를 들을 수 있는 청력, 다 소멸되어도 끝까지 붙잡고 있는 의식, 편안하게 가시라는 말에야 안심하고 놓아버리는 생명의 힘은 실로 끈질기며 고귀하고 존경스럽다. 오늘도 생명의 존엄함을 온몸으로 느끼며, 그분의 '살고 싶다'는 말씀을 몸 구석구석에 모셔두었다. 뵙고 싶을 때마다 하나씩 꺼내서 마주할 양으로.

(2016년 문학시대)

우물쭈물하다가 찾은 아차산

이번 걷기는 서울시 중랑구와 광진구, 경기도 구리시에 걸쳐 있는 아차산(峨嵯山)이다. 남쪽을 향해 솟아올라 남행산으로도 불렸고, 마을 사람들은 아끼산, 아키산, 엑끼산 등으로 부르기도 했다.

아차산은 15년 전쯤에 딸과 몇 번 왔었다. 커다랗고 너른 암벽을 기어올라 팔각정 앞 너럭바위에 앉아 도란거리면 온 세상에 평온이 내렸다. 우리의 재잘거림이 한강을 따라 흐르던 따뜻한 시간이다. 그때 사람들도 편평한 암석에 앉아 바람의 노래를 들으며 이야기꽃을 피웠었다. 오랜만에 만나려니 설렘이 저만치 앞장을 선다.

광나루역부터 이정표가 곳곳에서 맞아줘 발걸음을 가볍게 옮겼다. 골목담장 사잇길로 접어들자 텃밭이 버선발로 마중을 나왔다. 인적 드문 곳일 거라 생각한 건 오산이었다. 남녀노소에 허리가 많이 구부러진 어르신도 봄마중 나온 햇볕을 받으며 무겁지 않게 발걸음을 옮겨놓는다.

자연과 하나 되는 연습을 하며 생태공원을 둘러봤다. 이 순간에도 자연으로 돌아가는 많은 사람들. 이순이 지나면 어느 시기보다 구체적으로 죽음을 생각하고, 살아온 궤적을 돌아보며 지난날에 대한 후회와 허무함에 빠진단다.

며칠 전에 더할 나위 없이 열심히 살아온 친구가 "해 놓은 것 없이 어느새 이 나이가 되어 너무 우울하다."고 했다. 그녀는 미국의 명문대학교에서 박사학위를 받고 이른 나이에 교수가 되어 후학양성과 왕성한 연구 활동에 매진하였다. 자식들도 잘 키워 얼마 전에 결혼을 시켰다.

그런 말을 하던 친구가 요즘은 오누이들과 매달 독서토론을 한단다. 토론을 하면서 미처 알지 못한 걸 깨치기도 하는 반면, 그간 잘못 살아온 것 같고 해 놓은 일이 없어 무력감이 들고 우울하단다. 친구가 쏟아 놓는 말이 가슴에 꽂히며, 같은 나이를 살아가는 우리들이 비슷한 고민을 하고 있음을 알았다.

소나무가 숲을 이룬 자드락길 따라 온몸으로 솔향에 취해본다. 진한 소나무 향기를 마시며 걷고 또 걸으며, 별 수 없이 살아가기에 급급했던 지나간 시간들을 불러본다. 이러지도 저러지도 못했던 시간의 줄기들, 필요한 곳에 열심히 바퀴를 굴린 후 고개를 들어보니 제자리였던 것들, 우물쭈물하면서 그냥 보내고 말았던 순간들, 어느 것 하나 흡족하기보다 모자라고 부끄러운 것들만 모여 있다. 그 친구도 이런 감정의 소용돌이를 건너고 있나 보다.

이렇게 머뭇머뭇하는 사이에 시간의 바퀴는 우리가 기억하든 말든 쉬지 않고 굴러간다. 오죽했으면 버나드 쇼는 '우물쭈물하다가 내 이럴 줄 알았다'고 묘비명을 새겼을까. 세상에 건네는 마지막 인사가 묘비명이라는데, 나는 과연 뭐라고 새겨야 할까.

여러 갈래의 소나무숲길을 왔다 갔다 했다. 아뿔싸! 이건 내 삶의 길을 걷고 있는 거였다. '우물쭈물'이란 '행동 따위를 분명하게 하지 못하고 자꾸 망설이며 몹시 흐리멍덩하게 하는 모양'이다. 딱 내가 살아가고 있는 모습 그대로였다.

잘 만들어진 길 따라 삼국시대 축조한 산성과 고구려의 기상을 만나려고 아차산성 길로 방향을 잡았다. 한강을 사이에 두고 풍납토성과 마주보고 있는 아차산은 고구려, 백제, 신라의 각축장이었던 전략요충지로 삼국의 치열했을 전투가 그려진다. 살기 위해 치열한 것은 예나 지금이나 매한가지다.

산 이름과 관련된 일화로는, 조선시대 명종이 점을 잘 보는 홍계관을 불러 궤짝 속 쥐의 숫자를 맞혀보라 했다. 홍계관은 그 수를 맞히지 못해 사형선고를 받았다. 잠시 후 쥐의 배를 갈라보니 새끼가 들어 있어 '아차' 하고 사형중지를 명했으나 홍계관은 이미 죽어서 사형집행한 산을 아차산이라 했단다.

아차산은 야트막하고 산세가 험하지 않아 가벼운 산행을 하기에 제격이다. 경사진 기슭을 따라 간벌로 정돈된 소나무들이 위용을 뽐내며 향기를 뿜어내고 있다. 숲의 그림자를 건너며 풍경에 취해 소나무숲길을 지나 아차산성길로 접어들었다.

아차산성은 백제가 광주에 도읍하였을 때 고구려의 침입을 막기 위해 처음에 쌓은 큰 성이라고 한다. 산성으로나마 백제와 고구려의 시간을 만나려니 뒤설렜다. 그런데 산성은 보이지 않고 가림막이 맞아준다. 문화재 발굴공사중이라 하니 허전한 발길을 돌렸다.

빼어난 자연경관을 양손에 잡고 걷다보니 고구려정이다. 옛 팔각정을 철거하고 고증에 의해 3백년 이상 형태를 보존하는 금강송으로, 고구려 전통양식인 기와와 단청문양, 배흘림기둥으로 다시 지었단다. 남한 최초로 고구려 건축양식을 재현하였다니 감회가 새롭다. 너럭바위는 시간을 멈추고 반갑게 맞아주며 그때나 지금이나 허여멀건 속살로 푸른 소나무를 보듬어 안고 있다.

정상에 올라야만 볼 수 있는 산행의 백미, 시원한 풍광이다. 강남과 강북을 이어주는 한강 다리와 잠실의 초고층 빌딩, 남산, 성남의 남한산, 관악산이 어디쯤인지를 알려준다. 자연스레 시 한 수 읊고 싶은 풍경에 고려 때부터 많은 시인·묵객들이 찾았나보다. 뛰어난 조망으로 모 대통령의 별장이 세워졌고 산자락에는 주택과 호텔이 들어서 있다.

고구려정에 올라서니 가슴속까지 산들바람이 스며든다. 미세먼지가 아니라면 관악산을 넘어 인천까지 눈에 담길 것 같다. 정자서가에서 제법 많은 책들이 눈인사를 한다. 아이들과 책장을 넘기던 그 시간을 음미해본다. 손녀에게 책 읽어주던 시간도 불러본다. 정감 있는 진한 그리움이 다양한 색깔을 풀어놓는다.

햇빛을 받은 한강의 물결이 은빛비늘로 반짝인다. 정상에 올라야만 볼 수 있는 비경이 가장 아름다운 노래를 들려준다. 소나무 숲 사이로 햇살이 포근히 내려앉는다. 꾸물거리다 이제야 찾아온 내게 우물쭈물하지 말고 자주 올라오라며 다정한 눈웃음을 보낸다.

(2018년 창작수필)

3.

시간이 머문

빙빙 도는 세상

구월도 용광로 같은 한여름 날씨였다. 올해는 유난히 뜨거운 여름이 사그라질 기미가 없어 보였다. 대추나무도 감나무도 제 빛깔로 열매를 익히려는 걸 잊은 듯 아직도 연초록색을 품고 있다. 이러다가는 가을이 그 기세에 눌려 못 찾아올까 싶었는데 시월이 되자 아침저녁으로 제법 선선한 바람이 볼을 어루만진다. 기다리던 가을의 느린 발자국 소리를 앞세우고 갑자기 어지럼증이 따라왔다. 약을 먹으니 한결 편안해졌지만 아직 메스꺼움과 어지럼증은 없어지지 않는다. 빙빙 돌지 않으니 그것만으로도 천만다행이다. 어지럼증을 겪어보지 않은 사람은 이 어려움을 알 수 있을까.

며칠 전 딸아이가 내 차의 블랙박스를 사놓은 지 한 달이 되어간다고 시간을 내달라고 했다. 모처럼 만나 점심을 먹고 나니 갑자기 눈앞이 빙빙 돌면서 어지러웠다. 그때마다 머리를 감싸고 주저앉아 어지럼증이 사라지길 몇 차례 반복했다. 별 일 아니겠지. 아침을 거르고 점심을 급히 먹어서 체했나. 에어컨을 세게 틀어 추워서 그런가. 메스꺼워 토할 것 같고 머리가 깨질 것 같은 두통도 함께 찾아왔다. 머릿속은 어지럼증이 찾아들면 원인 찾기에 분주하다. 이건 뭐지? 설마 뇌졸중? 고혈압? 빈혈이 도진 건가. 건강검진에서는 어떤 병도 없었는데. 그러고 보니 건강검진도 삼 년 전에 받고 안 받았구나. 그 사이에 나도 모르게 찾아 온 병이 이제야 제 모습을 나타내는 건가. 도대체 이 어지럼증을 일으키는 네 정체가 뭐니?

이런 내 모습을 처음 본 딸아이는 놀라서 자기 집으로 가자고 했다. 윗배가 더부룩하고 메스꺼움이 가라앉질 않으니 우선 소화제부터 먹었다. 지하 1층에서 한 층을 내려가는 엘리베이터가 그렇게 긴 거리일 줄이야. 몇 번을 머리를 싸매고 앉았다가 몇 걸음 떼는 걸 반복하고 나서야 겨우 차에 올랐다. 누워도, 앉아도, 서도 안 되는 이 어지럼증을 도대체 어떻게 해야 하나. 엎어지면 코 닿을 거리를 가는데 몇 번을 가다서다 했다. 눈앞에서 빙빙 도는 게 1초에 네댓 바퀴 이상은 족히 되는 것 같다.

어지럼증은 얼마가 지나면 가라앉곤 한다. 토할 것 같은 메스꺼움은 기분 나쁘게 떠날 생각을 잊었고, 두통도 약간의 차이만 있을 뿐 똬리를 틀고 아예 눌러앉을 기세다. 할머니의 낯선 모습을 처음 본 손녀는 연실 내 머리를 쓰다듬으며 “할머니 아파?” 한다. 대꾸조차 마음대로 하지 못한 채, 조금 가라앉으면 눈을 감고 원인 찾기를 했다. 뭐지? 메스꺼워 때로는 토할 것 같아 화장실로 급히 가면 어지럼증이 기회를 엿보다가 달려들었다. 그러다 그 자세로 조금 있으면 가라앉는다. 혹시 이석증? 아니면 달팽이관 문제? 이건 귀 문제다 싶어 블랙박스를 달러 간 딸을 급히 불러 이비인후과의원으로 갔다. 의사와 문진을 할 때도 오심과 두통, 어지럼증으로 얼굴을 마주할 수가 없다. 뇌졸중과 귀에 대한 여러 가지 검사를 한 후에 이석증이라는 진단이 내려졌다. 덧붙여 이석증이 심하니 종합병원에 입원하여 치료할지, 지금 여기서 치료할지를 결정하란다. 그나마 다행인 것은 발병 첫날이라 치료가 잘 될 것 같은데, 최소 1~2주일 정도는 치료를 받으라고 한다. 어지러움이 찾아들면 한 걸음 떼기도 어려워 당장 치료를 받기로 했다.

이석증은 귓속의 이석이라는 돌가루가 평형기관인 세반고리관으로 들어가 나타나는 증상으로, 퇴행성 변화와 관련이 있고 60세 이상 여성에게서 많이 발생하며 환자는 매년 증가하고 있다. 특별한 원인을 알 수 없는 경우도 있고, 전정 신경염, 두부외상, 메니에르병 같은 질병이나 노화, 스트레스, 피로 등이 원인이다. 증상은 머리가 빙빙 도는 회전감 있는 현기증, 평형장

애, 오심 및 구토, 두통 등이다. 현기증은 머리를 고정하고 있으면 수분 이내에 사라지지만, 일상생활을 못 할 정도로 심각한 경우도 있다. 수기로 이석을 제자리에 놔주는 치료를 하며, 치료율이 좋지만 효과가 없는 경우도 많고 재발이 높다고 한다.

의사는 내게 이석증이 매우 심한 편이므로 잠자기 전까지 옆으로 고개를 돌리지 말고 정면만 보고 앉아 있으란다. 특히 왼쪽이 많이 심하니 잠 잘 때도 왼쪽으로 눕지 말라고 한다. 고개 돌리는 걸 제한받고 보니 그동안 편히 생활한 게 감사했다. 어지럼증이 덜한 것만으로도 얼마든지 견딜 수 있다. 현기증과 짝을 이뤄 찾아들던 오심과 두통도 현기증이 맥을 못 쓰니 눈치만 보고 있다. 그날 이후 모든 약속을 취소하고 일상의 소중함을 되뇌고 있다. 열병처럼 견뎌낸 여름이 지나갈 무렵, 내게 찾아온 건강이상 신호인 이석증이 오히려 고마웠다. 그렇게 뜨겁던 여름도 내년을 기약하고 물러났다. 정신 못 차리게 빙빙 돌던 눈앞의 세상도 차츰 제자리를 찾아가고 있다.

행복이란 무엇일까. 어떤 제한도 받지 않고 일상생활을 하는 것은 아닐까. 작은 것의 소중함을 새삼 알게 되었다. 독일의 철학자, 이마누엘 칸트는 "행복의 개념은 아주 불명확한 것이어서 모두 행복을 얻고자 하면서도 정작 자신이 진정 원하는 게 무엇인지 누구도 명확하게 일관되게 말할 수는 없다."고 했다. 며칠간 고개를 돌리지 못하고 지내다보니 아무것도 원함이 없는 일상이 어쩌면 행복일지 모른다는 생각이 들었다. 어지럼증으로 고개를 들어 볼 수 없었던, 높아진 시월의 가을 하늘을 마음대로 쳐다볼 수 있는 지금 이 순간이 행복하다. 빙빙 도는 세상을 물리치고 호야가 피운 별꽃을 마음껏 바라보며, 내 손길을 기다리는 난과 화초를 돌볼 수 있어서 오늘도 마냥 행복하다.

(2017년 문학시대)

어머니의 향기, 절미통

겨울이 한가운데에 버티고 있던 어느 날, 신문을 뒤적이며 생각의 갈피를 따뜻하게 데우려고 하는데 동생에게서 전화가 왔다. 어머니께서 이틀 전 빙판에 주저앉아 거동을 못해 시내 병원을 다녀왔단다. 골절이 없어 다행이라며 집에서 조리하면 된다는 의사의 말이 아무래도 안심이 안 된다며 어떻게 하면 좋겠느냐는 것이었다. 내가 서울아산병원에 있으니까 무조건 모시고 가겠다는 말을 일단 숨겨두는 것 같았다. 동생의 예상처럼 응급상황은 아닌 듯했지만 회복시간은 많이 필요할 것 같았다.

팔십을 넘긴 부모님 두 분만 지방에 계시기 때문에 비상연락망을 돌려 형제들이 요일 당번제에 들어갔다. 자식들이 걱정한다고 일절 이야기하지 않기로 두 분이 약조하셨는데, 풀방구리에 쥐 드나들 듯 다니는 형제들 때문에 들통이 났다고 우리들

보다 더 끌탕을 하셨다. 부엌에 드나들기가 쑥스러우신 아버지께서는 어쩔 수 없이 취사준비를 처음 해 보았다며 호탕한 웃음을 예전처럼 풀어놓으셨다.

강릉에서 직장생활을 할 땐 어려웠던 일이 서울 생활에서는 손쉽게 느껴져 마음의 무게가 줄어드는 느낌이다. 서둘러 퇴근하여 한달음으로 부모님께 달려갔다. 노인회 회의를 마치고 귀가하는 길 한가운데에 얼음이 있어 가장자리로 조심스레 길을 잡았는데 그만 철퍼덕 주저앉아 일어날 수가 없었단다. 마침 지나가던 동네 아저씨가 승용차로 집까지 데려다 주었는데, 그 후로 자리에서 일어나질 못해 파스만 여기저기 붙이며 누워서 지냈다고 하셨다.

부모님은 늘 이렇게 당신들의 어려운 일을 우리들에게 알리지도 않고 해결하고 계셨다. 자식들이 걱정한다고 내색도 하지 않고 몸과 마음을 삭이시는 모습이 가슴에 붙박인 지 오래다. 이제는 그러지 않으셔도 된다고 아무리 말씀을 드려도 요지부동이시다.

그날 이후로 주말마다 부모님을 뵈러 다니는 길엔 왠지 모를 설렘이 동행을 하고 있었다. 겹겹이 어깨를 기대고 있는 산과 산골짜기는 봄의 숨결로 가득 차 수런거리면, 큰 획을 그으며 흐르는 북한강은 그 풍광을 고스란히 담아 놓는다. 셀 수 없이 이 길을 다녔건만 가슴이 두방망이질을 해대는 건 부모님에 대한 사랑과 어릴 적 추억이 손에 잡힐 것 같아서였다.

오랜만에 어머니의 부엌 살림살이를 다루게 되었다. 친정에 와도 동생들에게 등 떠밀려 쉽사리 부엌 살림살이를 만나기 어려웠는데, 혼자 음식도 만들고 정리정돈을 하다 보니 어머니가 가꾸시던 지난 시간의 향기가 도란도란 말을 건넨다.

놀랍게도 어머니께서 결혼하기 전부터 실천하신 절미통이 눈에 들어왔다. 까마득히 잊고 있던 어머니의 향기를 만났다. 어머니께서는 매끼마다 먹을 양의 쌀에서 십분의 일 정도를 덜어 절미통에 넣곤 하시던 모습이 아직도 부엌을 지키고 있었다. 절약과 검소를 실행하던 그 마음 그대로 팔십 평생을 가꾸신 어머니의 허리 굽은 모습이 아름드리 미인송을 닮고 있었다.

팔의 힘이 줄어 가벼운 재질로 절미통을 바꾸셨다며 해맑게 웃으시는 어머니의 생각의 깊이는 얼마나 될까. 모든 것이 주체할 수 없게 넘쳐나는 요즘, 절미통을 고집하는 사람이 몇이나 될까. 이제부터라도 부엌 한가운데에다 절미통을 놓고 내 생활 속에다 어머니의 향기를 가득 채워야겠다는 다짐이 부끄럼으로 얼굴을 붉히고 있다.

형제들이 요일 당번을 거르지 않고 회복을 도왔지만 두 달이 넘어도 어머니는 자리에서 일어나실 기미가 없어 모두들 근심의 무게를 벗어던지지 못하고 있었다. 무엇보다 아버지의 수심이 우리보다 더 깊어지는 게 보였다. 언제부터인가 부모님을 뵈

올 때마다 이십년 후의 나의 모습을 만나는 듯싶어 애잔한 연민으로 바라보게 된다.

낙상 백일이 넘으니 약간씩 차도의 기미가 보였다. 가끔씩 대청마루에 나와 앉으시기도 하셨고, 당신의 살림살이에 대한 참견도 많아지셨다. 우리들을 키우던 일이며 집안 이야기를 하시고 또 하시면서 조금씩 더디게 회복하시는 모습에 안도하게 되었다.

자식은 부모를 디딤돌로 삼아 자라고, 흙더미를 뒤집어쓰는 삶이라 해도 디딤돌을 밟으며 헤치고 나오는 건가 보다. 우물에 빠졌을 때 우물에서 나오는 방법은 흙을 우물 안에 떨어뜨려 쌓아가며 올라오는 것일 게다.

뒷산에서 새들이 목청을 가다듬으며 봄 풍경의 구도를 잡아가고 있다. 뒤란을 지키고 있던 아름드리나무들을 집수리하면서 잘라냈더니 휑하니 허전하다. 지금은 부모님이 지키고 계시지만 언젠가 우리 곁을 떠나가시면 나무를 베어낸 이 뒤란보다 말로 표현하기 어렵게 허전하겠다싶다.

아침 안개가 낀 날은 본래 맑은 법이고, 인생사라는 것이 몇 시간 앞도 아니, 몇 분 앞도 제대로 알 수 없는 것이라고들 한다. 안 계실 때 후회하지 말고 계시는 동안 잘 모시자며 굳은 약속도 했다. 또한 부모님 살아 계실 때 꼭 해드려야 할 45가지가 많다면 10가지라도 재정비해서 실천해야겠다.

어머니의 향기인 절미통과 만나면서 어머니의 팔십 여정을 눈을 감고 그려본다. 희로애락이 파노라마로 펼쳐지지만 단아하게 자리 잡고 디딤돌로 우뚝 서 계신 어머니는 변하지 않는 우리들의 의지처이다. 그 길 따라 나도 여기까지 왔고 앞으로도 그렇게 살아갈 것이다. 죽어서도 산을 지키리라 했던 참나무 고사목처럼, 어머니의 향기로 가득한 절미통처럼, 자식들의 디딤돌로서 말이다.

(2013년 문학시대, 2013년 관동문학)

하나, 둘, 셋! 그리고 웃음

하나, 둘, 셋!

어디선가 이 소리가 들리면 어김없이 걸음을 멈추고 이야기꽃도 접으며 소리 나는 방향으로 몸을 돌려 웃음꽃을 피운다. 잠시 생각에 사로잡히거나 딴 짓을 하다가 '넷'이나 '다섯' 정도에 몸을 돌리면 그것도 웃음바다다. 5060인 우리가 맞나싶을 정도로 웃음보가 터졌다. 세상을 웃음바다로 만들 것처럼 웃기만 한 게 얼마만인가. 작은 몸짓 하나, 말 한마디에도 보름달 웃음꽃이다.

새로 시작한 학교일에다 늦게 시작한 공부를 대충하지 못하는 성격에 몸도 마음도 무겁고, 무뎌만 가는 느림보가 버둥거리다보니 또 한 해를 훌쩍 넘기려고 할 때였다.

"언니! 언제 시간이 나? 자매끼리 여행이나 하자."

반가운 목소리가 귓바퀴를 당겼다.

"서윤이 돌 지나고 가자."

그러고는 발길 닿는 대로 가면 되겠다며 허덕허덕 일정을 따라가며 숨 가쁜 하루하루를 보냈다. 그렇게 외할머니가 된 해의 가을이 문득 왔다가 쏜살같이 달아났다. '가을은 여름이 타고 남은 것'이라는 일본 작가 다자이 오사무의 이야기도, '평균 기온이 아흐레 내리 이십도 아래로 내려간 첫날이 공식적인 가을'이라는 기상청의 목소리도 꿈결 속으로 떠밀려 보냈다.

'인생을 이모작하라'던 어느 학자의 말도 있었거니와 배우기를 좋아하는 성격 탓에 퇴직 후의 삶을 풍요롭게 하리라며 사진과 미술사도 배웠건만 헛헛해서 다시 시작한 것이 공부였다. 배운다는 건 무척 신나는 일이다. 교수님들의 말씀이 신선하고 마음을 두드렸지만 그 다음이 문제였다. 들을 때는 혼자서 무엇이든 다 할 것만 같았는데 집에 와서 컴퓨터에 앉으면 백지가 되곤 하니 진도를 나갈 수가 없다. 설명을 알아들었고 메모도 했지만 한 번 헝클어진 머릿속은 갈피를 잡지 못하고 미궁 속에 갇힐 때가 많았다. 이래서 공부는 때가 있다고 하나 보다.

톨스토이는 '미래를 위해서 무엇을 해야 하는지 결코 알 수 없다. 그래서 인생은 멋진 것'이라 했다. 한 치 앞을 알 것도 같은데 우리는 그 한 치 앞을 전혀 모르고 살아간다. 지금은 한 번도 살아보지 않은 현재니까. 매순간 최선을 다해 살겠다며 고속도로를 질주하듯 살아온 내가 육십갑자를 한 바퀴 돌아 맞닥뜨린 오늘이다.

공부하느라 2년은 잘 살았다. 허튼 생각이 들어올 틈을 원천봉쇄하며 우선순위를 매겨 날짜를 시간으로 나누고, 다시 시간을 분으로 나눌 때도 있었으니까. 입학할 때는 논문까지 일사천리로 마무리하려 했지만 마음먹은 대로 모든 게 되지는 않았다.

을미년 해돋이가 식기도 전에 강원도와 서울, 경기도에 흩어져 사는 네 자매가 평촌에서 만나 길을 떠났다. 학창 시절 소풍가는 기분으로 준비한 김밥과 매생이전, 어묵으로 끓인 탕을 먹으며 그간 건너뛰면서 나누지 못한 이야기꽃을 피웠다. 숙소만 두 곳 예약했을 뿐 지금부터 그곳이 어디든 함께라면 되는 것이다. 발길 닿는 대로 가려는지 일정도 짜지 않고 두런거린다.

섬과 섬을 다리로 이어 배를 타지 않고 신안 증도에 도착하니 해송숲이 먼저 반긴다. 우람한 낙락장송이 마치 기다리고 있었다며 두 팔을 힘껏 벌린다. 바람에 물결치는 바다갈대가 흔들어대는 손끝 따라 머리카락들이 군무를 한다.

다음날 아침 바닷가 산책을 하면서 시작한 "하나, 둘, 셋"은 여행 내내 동행을 했다. 처음에는 셀카봉 5초를 기다리며 시작하였으나 4자매에게 웃음보따리를 푸는 열쇠가 되었다. 제법 넓은 해변을 끼고 리조트가 자리를 잡고 있다. 나무 구름다리로 연결된 길 따라 바다를 향해 마음껏 웃음꽃을 수놓았다.

웃음은 쾌적한 정신활동에 수반된 감정반응으로 미소, 고소(쓴웃음), 홍소, 냉소, 조소, 실소 등이 있고, 미소는 가장 아름다운 화장이라고 한다. 꿈꾸는 듯한 여인의 미소인 레오나르도 다빈치의 '모나리자'는 모든 비밀을 알고 있다는 분위기를 풍기는 영원한 여성상의 이상적인 본보기로 꼽힌다. '모나리자'는 차노비 델 조콘도(Zanobi del Giocondo)의 아름다운 아내를 그린 초상이라서 그녀를 흔히 '라 조콘다(La Gioconda)'라고 부른다.

해안선을 따라 너르게 펼쳐진 해변에는 우리들만 있어서 마음껏 웃음벌판을 펼쳐 놓았다. 3대가 함께 온 여행인지 노부부가 손녀를 데리고 계단참에 들어서며 셀카봉으로 웃음 가득한 우리들에게 연신 미소로 화답을 해 웃음바이러스가 옮겨진다. 웃음은 전염력이 무척 강한가 보다. 아이도 덩달아 웃음꽃을 피우며 바닷가로 이어진 길로 내려선다.

웃음은 신체적 자극이나 기쁨, 우스꽝스러움, 겸연쩍음, 연기(演技)와 질병에서 오는 것으로 분류할 수 있다. 그렇다면 웃음은 어떻게 유발되는 걸까. 웃음의 원인이나 종류에 대해서는 여러 가지 설이 있다.

A.쇼펜하우어는 '어떤 관념과 관념이 불균형일 때 나타난다'고 하였다. 예를 들면, 신사가 바나나를 밟고 넘어진다거나, 어린이가 어른 바지를 입었을 때 등이다. H.베르그송은 '자유로워야 할 인간이 부자유한 기계와 같은 운동을 하였을 때, 즉 정

신이 물질화하였을 때 웃음이 나온다'고 하였다. W.멕도갈은 '애교 있는 웃음은 상대에 대한 호의의 표시이며, 조소는 상대에 대한 가벼운 비판'이라고 하였다. 여러 가지 설이 있으나 자스틴은 '놀람과 기대의 어긋남, 우수와 실패, 부조화와 대조, 사교적 미소, 긴장의 해방, 유희'의 여섯 가지로 정리하였다.

"하나 둘 셋!"

다시 들려오는 다정한 목소리에 일제히 나름대로의 웃음소리를 내며 카메라를 바라본다.

"이번에는 아주 잘 했어요!"

막내가 둥그런 얼굴을 활짝 펴며 증도 앞 면섬 해송숲에 청징한 바람이 일도록 목소리를 키우며 달떠 있다. 셋째도 덩달아 여기보라며 카메라를 들이댄다. 너나없이 여기저기에서 "하나 둘 셋!"

"와~~우!"

가슴속에서 행복의 파도가 일렁인다. 온몸이 감전된 듯 짜르르하게 번지는 이 기쁨, 따뜻해지는 감사의 마음, 마음을 나누며 함께한다는 것만으로도 웃음바이러스는 이미 해풍을 타고 너울거린다. 끝날 것 같지 않는 자그마한 시끌벅적함에 추위마저 곁에 와 앉길 망설이고 있다.

마음의 긴장이 무너지고 즐거움과 여유로움이 증도를 감싸고 있다. 염화미소(拈華微笑)도 좋고, 가가대소(呵呵大笑, 너무 우스워서 한바탕 껄껄 웃음)나 박장대소(拍掌大笑, 손뼉을 치면서 크게 웃음), 앙천대소(仰天大笑, 하늘을 쳐다보고 크게 웃음), 파안대소(破顔大笑, 얼굴이 찢어지도록 크게 웃는다는 뜻으로, 즐거운 표정으로 한바탕 크게 웃음을 이르는 말), 봉복절도(捧腹絶倒, 배를 안고 넘어진다는 뜻으로, 몹시 우스워서 배를 안고 몸을 가누지 못할 만큼 웃음), 박소(拍笑, 손뼉을 치며 크게 웃음), 홍연대소(哄然大笑, 큰 소리로 껄껄 웃음), 파안일소(破顔一笑, 즐거운 표정을 지으며 한바탕 웃음), 분반(噴飯, 우스워서 입에 물었던 밥이 튀어나온다는 뜻으로 웃음이 터짐을 이르는 말)도 좋지만 오늘은 일소천금(一笑千金, 한 번 웃음에 천금의 값이 있음)이 제격이다.

"하나 둘 셋!"

황혼녘 호수처럼 붉게 빛나고 더 향기로운 우리들 시간이다.

(2015년 창작수필)

생강나무꽃이 손짓을 하면

오늘도 올라가지 않는 눈꺼풀을 손으로 밀어 올리며 주섬주섬 옷을 입었다. 희끗한 창밖에서 여명이 선명하게 손짓을 한다. 벽에 매달린 화분에 시선을 옮기며 손을 맞잡아 허공으로 힘껏 올려 기지개를 켠다. 온몸의 마디가 조금씩 늘어나며 찌뿌둥한 곳이 숨어들었는지 개운하다. 고양이세수를 하고 생강나무꽃이 애잔한 눈빛으로 기다리고 있을 산으로 발걸음을 옮겼다. 일주일 동안 묵혀둔 운동으로 마음 안의 찌든 때도 닦고 피로도 좇을 겸, 봄빛이 곁에 앉은 산에서 일어난 일이 자못 궁금해서다.

조병화 시인의 시 「가을」을 읊조리던 게 어제 일 같건만.

가을은 하늘에 우물을 판다
파란 물로
그리운 사람의 눈을 적시기 위하여

깊고 깊은 하늘의 우물
그곳에 어린 시절의 고향이 돈다

그립다는 거, 그건 차라리
절실한 생존 같은 거
가을은 구름밭에 파란 우물을 판다
그리운 얼굴을 비치기 위하여

그리운 얼굴을 만나러 가는 길섶엔 맑은 고요함이 먼저 나와 있었다. 그동안 표정이 무덤덤하던 생강나무꽃이 드디어 노란 웃음을 터트렸다. 지난주까지 웃음보자기를 꼭 틀어쥐고 있더니 더 이상 참기가 어려웠나 보다. 입을 앙다물고 있던 나뭇가지들이 연둣빛을 입에 물고 있다. 맞아! 여긴 찔레꽃동산이었고, 이곳은 원추리의 씨족 마을이었지. 사라졌던 기억들이 손을 잡고 안개 속을 헤치며 나온다.

엄마가 좋아하시던 찔레꽃을 아파트 1층에 심겠다는 친구에게, 지천이던 찔레를 파다 줄까 망설이던 곳이 여기였구나. 찔레꽃 향기가 온산을 뒤덮어 이곳에 오면 코를 벌름거리며 세상을 다 가진 것처럼 좋아했었지. 그것도 벌써 십 여 년을 넘긴 일이 됐다.

이곳저곳 참견하며 올라온 덕에 해맞이광장에는 아침 해가 마중 나와 기다리고 있다. 여기서는 맨손체조를 하곤 했었지. 여고 시절엔 운동장을 가득 메운 맨손체조 음악소리에 귀를 막기도 했었지. 틈만 나면 맨손체조를 하고 있는 지금의 모습이 엊그제 같던 시간들과 오버랩 된다.

진달래는 연분홍입술을 오므리고 있고, 백철쭉은 아직 꿈나라다. 새들이 울음 섞인 목청을 높이고, 청설모는 재주부리기에 열중하느라 눈길 한 번 주지 않는다. 어쩜 저렇게 잘 날아다닐까. 생명의 소리를 온몸에다 문신하며 운동기구에 상념을 실어본다.

어디서 와서 어디로 가고 있는 걸까. 나는 지금 어디쯤 와 있나. 새로운 과제들이 눈앞에 펼쳐져 있는데 나는 과연 성과 있게 해낼 수 있는 걸까. 나는 어떻게 살고 싶은 걸까. 이런 저런 상념들이 꼬리를 물면 걷잡을 수 없이 생각 속에 빠져든다.

개짓는 소리에 깜짝 놀라 둘러보니, 송아지만한 개를 몇 사람이 데려와 지나가는 바람에 사람들은 산길로 몸을 비켰다. 나만 중요하고 다른 사람들은 안중에도 없나 보다. 자전거를 타는 사람도 피하기가 쉽지 않는 등산로인데. 중년 남자 네댓 명이 개와 함께 지나가도록 아무 소리도 못했다.

깊고 긴 숨을 토해내며 등산길로 되돌아오니 더 이상 상쾌한 아침이 아니었다. 약수터에 들러 깨끗한 몸짓으로 흐르는 약수로 속을 씻어 내렸다. 목울대를 타고 시냇물소리가 배 속 가득 고인다. 산수유가 벙글거리는 공원에 들어서자 노란 웃음보따리를 풀고 나도 이렇게 몸치장을 끝냈다며 아양을 떤다.

사위가 베란다 밖으로 보이는 뒷산 숲속의 노란 꽃의 정체가 궁금하다고 했었지. 생강나무꽃과 산수유꽃을 사진 찍어 파스텔 메시지로 보냈다. 학회로 바빴다면서 잠귀 밝은 사위가 노란 웃음소리가 자욱한 숲속의 사진을 보내왔다. 산수유와 생강나무 구별법을 보냈더니 숲속에 들어가 확인해 보겠단다.

엊그제 병원 동관 입구에 늠름하게 꽃을 피운 산수유나무는 서울시장상의 포상이었지. 상품으로 받은 산수유나무를 그곳에 심으라던 병원장님의 말씀으로 자리를 잡았었지. 강릉에 있던 나를 대신해 지켜냈다며 보자마자 뻐겨댔지. 후배가 이름표를 붙여야겠다며 맑은 소리를 냈지. 아무래도 봄빛은 노란색인가 보다.

봄바람이 흘러 다니는 보이는 세계와 가늠조차 어려운 보이지 않는 세계 사이에 숨겨진 공간은 얼마쯤일까. 그 경계의 영역은 어디쯤일까. 마음 하나 툭 던져 놓고 바닥에 닿을 만큼 시간이 흐르면 알게 되는 걸까.

인도 속담에 따르면 모든 사람은 육체, 정신, 감정, 영혼이라는 네 개의 방을 갖고 있는데, 대부분의 사람들은 한 방에서만 산다고 한다. 네 개의 방에 규칙적으로 들어가면 일생을 풍요롭게 살아간다고 했는데 나는 지금 어느 방에 있는 걸까.

르네상스 시대에는 보고 싶고 알고 싶고 이해하고 싶은 사람들이 중세에 비해 폭발적으로 많이 배출된 시대였지. 그래서 열심히 공부하거나 작품을 만들어서 수많은 걸작이 탄생했지. 내가 지금 열정으로 몰입하고 있는 건 무엇인가.

견디기 힘든 것은 좋은 날씨의 연속이라고 했던가. 세상 경험을 많이 쌓은 사람들의 이야기를 들으면 인생에서 정말 견디기 어려운 일은 나쁜 날씨의 연속이 아니라 오히려 구름 없는 날씨의 연속이라고 했다지. 나는 지금 이상기류가 없는 평온한 날씨라고 볼 수 있지. 맞아! 어느 사이에 열정이 슬그머니 사라졌잖아. 하고자 했던 것들을 손에서 놓아버린 것도 모른 채 표류하고 있었어. 생강나무꽃을 보면서 그동안 잊고 지낸 시간들이 되살아났다.

소금강의 봄을 만들어내는 생강나무도 노란 꽃을 피워 놓고 나를 기다리고 있는 건 아닐까. 삼월이면 어김없이 봄소리를 들으러 찾던 오대산의 생강나무가 훌쩍 서울로 떠난 나를 기다리다 지쳐 울음조차 말라버린 건 아닐까. 한달음에 달려가 그리움의 깊이만큼 으스러지게 안아주고 싶다.

"봄비는 독서하기에 좋고, 여름비는 장기 두기에 좋고, 가을비는 가방 속이나 다락방을 정리하는데 좋고, 겨울비는 술 마시기에 좋다."고 임어당이 말했다지. 이런 저런 상념들을 제쳐두고 내일은 봄비가 온다고 했으니까 봄비 장단에 맞춰 책을 읽는 달콤한 시간을 펼쳐놓아야겠다. 생강나무꽃이 꽃비로 내리기 전에.

(2013년 창작수필)

옛 궁궐에서의 해넘이

올해도 얼마 남지 않았다. 이맘때만 되면 머릿속이 복잡해진다. 새해에 세운 계획과 어긋난 삶을 살고 있는 나를 발견하기 때문이다. 남은 두 달을 잘 보내려면 잃은 게 더 귀한 것은 없는지 살펴봐야겠다.

가을향기가 어김없이 다가와 앉는다. 산마루의 나무들은 가뭄에도 아랑곳없이 꽃단장을 하느라 여념이 없다. 여기저기서 웃음보를 터트리며 단풍빛으로 풍경을 물들이고 있다. 윤기 없는 허전한 마음을 달래려고 우여곡절이 켜켜이 쌓인 궁궐, 창경궁을 찾아 나섰다.

창경궁은 건립 목적이 다른 궁과 다르다. 성종이 세조비 정희왕후, 예종비 안순왕후, 덕종비 소혜왕후를 모시기 위해 수강궁터에 창건했다. 또 창덕궁과 연결하여 독립적 궁궐의 역할과 창덕궁의 모자란 주거공간을 보충하였다. 임진왜란으로 모든 전각이 소실되어 광해군 때 재건하였으나 이괄의 난과 대화재로 소실되었다. 명정전, 명정문, 홍화문이 화마로부터 살아남아 조선시대 건축양식을 보여주고, 정전인 명정전은 조선왕궁 법전 중에서 가장 오래된 건물로 문화사적 가치가 높다. 그런데 일제강점기 때 그들은 우리 문화를 말살하기 위해 전각을 없앤 뒤, 놀이터로 만들어 궁의 본 모습과 민족정신을 훼손하였다. 광복 후에도 놀이시설을 추가 설치하여 사용하다가 1983년에야 궁으로 환원되었다.

나는 궁 맞은편에 있는 대학과 직장을 다녔다. 결혼하고 아이들이 태어나도 근처에 살았으니 창경궁은 우리 동네였다. 그러니 특별한 날이 아니어도 수시로 드나들었다. 그 당시는 주로 남산이나 궁궐이 나들이 장소였고, 봄이면 창경원(궁)의 밤벚꽃 놀이를 빼놓을 수 없었다. 요즘은 마음만 먹으면 벚꽃을 어디서든 쉽게 볼 수 있지만 그때는 '밤벚꽃' 하면 오직 이곳이었다. 경건해야 할 궁은 화려한 전등불빛과 인산인해로 북적거렸고, 우리는 겨우 맥을 잇느라 숨죽이고 있던 몇 채 전각의 역사적 의미를 모른 채 눈앞 즐거움에 빠졌다. 옷깃을 여며야할 궁궐을 동물원과 식물원이 있는 놀이터로 여겼으니 그때의 부끄러움이 쉽게 지워지지 않는다.

홍화문은 이층의 누각형 목조건물로 품격 있게 우뚝 서서 늠름하게 눈을 마주치며 반긴다. 홍화문 앞에서 금천 중 유일하게 청계천까지 연결된 돌다리인 옥천교를 걸었다. 기왕이면 싶어 깊게 숨을 들이마시고 왕의 발자국이 새겨졌음직한 어도(御道)를 따라 명정전으로 향했다. 그 옛날 이곳을 바삐 오갔을 왕과 신하들이 함께 걸으며 역사는 잊는 게 아니라고 속삭이는 것 같다.

그때 모습을 간직한 옥천교는 왕권의 상징이었다. 다리 난간 밑 홍예 사이에서 나쁜 기운을 쫓는 도깨비상이 무심하게 쳐다본다.

정전은 엄격하게 남향으로 배치하는데 명정전은 동향이었다. 아마 지형에 더 자연스럽고 적합했기 때문이겠다. 선조들은 예로부터 주변 자연환경을 포함해 정원을 만들었다. 그래서 전체적으로 보아야 진가를 알 수 있다. 이처럼 자연 지형을 고려하면서 기능과 용도에 따라 생활편의를 추구하여 조성해 아름다움과 친근함을 두루 갖춘 지혜를 읽어내게 한다.

임금이 정사를 보던 창경궁은 일제가 전각 12동만 남기고 대부분 파괴했다. 열강의 각축장에서 일제강점기에 이르기까지 슬픈 역사가 가슴을 저리게 한다. 지도자들이 우왕좌왕했으니 무엇인들 지킬 수 있었으랴.

문정전에서는 즉위식과 하례, 과거시험, 궁중연회 등 공식행사를 치렀다. 단아한 단층이지만 월대는 2단으로 쌓아 위용이 넘친다. 유생들이 너른 뜰에 앉아 공부한 결과물을 쏟아내는 모습이 요즘과 다를 바 없다. 한 해를 살아가는 것도 유사하다. 연초의 계획과 연말의 성과가 다를 수 있고 변형될 수도 있다. 다만 매순간 최선의 선택을 했다면 비교하지 말고 내 궤도를 수정하면서 나가면 될 뿐이다.

문정전 앞뜰은 뒤주에 갇혀 한여름 더위와 허기로 8일 동안 신음하던 사도세자가 28세로 생을 마감한 곳이다. 그날 일을 생각하는 것만으로도 이리 가슴이 아린데, 아내인 혜경궁은 어땠을지 눈에 선하다. 혜경궁의 「한중록」은 남편 사도세자의 죽음을 가슴에 묻은 빼어난 작품에다 실록이 전하지 못하는 역사서다. 양화당과 집복헌 사이의 계단을 오르니 자경전 터가 나왔다. 발아래로 날렵한 처마와 한옥의 곡선을 자랑하며 늘어선 전각들이 있고, 남산이 사시사철을 펼쳐놓으며 코앞으로 다가선다. 뒤란은 시상이 저절로 떠오를 것 같은 울창하고 수려한 경관이다.

전각들마다 왕과 왕비의 일상생활과 생로병사의 흔적이 배어 있다. 침전과 빈전, 편전으로 왕이 태어나기도 했고, 왕후들이 승하했다. 그중 영춘헌과 집복헌은 후궁들의 거처로 두 건물이 붙어 있어 한 건물처럼 보인다. 사도세자와 순조가 탄생한 집복헌은 정조가 총애한 순조의 생모 수빈 박씨의 처소이기도 했다. 정조가 자주 출입하여 독서실 겸 집무실로 이용했다는데, 지금도 정조의 전시회를 열고 있으니 몇 백 년의 시간이 흘렀어도 그분들의 사랑은 끝나지 않은 것 같다.

동궐의 위엄과 웅장함에 취해있던 자경전 터에서 해넘이를 바라본다. 마음이 숙연해진다. 공기가 몹시 차갑다. 단풍의 선명함은 쌀쌀함에 비례한다는데 올해 단풍은 유난하겠다.

복잡하고 외로운 나의 마음도 단풍처럼 곱게 물들었으면 한다. 색깔만 아름다울 것인가. 생각도 깊어지고 내공이 쌓여 더욱 단단해질 것이다. 그래서 다른 사람까지 품어 아름답게 물들일 수 있기를 기원해 본다.

(2018년 창작수필)

시간이 멈춘 그 집

어디쯤일까. 이쯤일 것 같은데….

대청을 오르는 댓돌이 놓인 집 오른편에는 텃밭이, 왼쪽엔 제법 너른 마당이 있었는데…. 유년을 가득 채운 뒤란이 이런 데였나. 징검다리로 건넛마을로 오가던 개울 폭이 이렇게 좁았나. 가문 겨울이라 그런지 졸졸거리는 개울물소리가 무척 낯설다.

머릿속에 그리던 풍경이 아니다. 여기가 맞는 것 같은 데 생전 처음 보는 곳이다. 식당을 하는 그 집에서 사납게 짖어대는 개들이 산속을 뒤흔들어대 머릿속은 더욱 복잡하다.

제 갈 길만 열심히 가는 시간이다. 나도 모르는 사이에 한 번도 겪으리라고 상상하지 못한 날들과 동행하고 있다. 생각할 겨를 없이 육십 중반이 찾아왔다.

시간이 멈춰 기억 속에만 있는 고향집에 한 번 와 보고 싶었다. 무려 55년 만에 찾아온 마을은 변해도 너무 변했다. 오밀조밀 머리를 맞대고 앉아 있던 집이며 논밭은 눈에 띄질 않고 무척 큰 기도원 하나가 골을 다 덮고 있다.

할아버지가 엄마 먹으라고 심었다던 살구나무도 보이질 않는다. 마당이라 불릴만한 공터도 마땅하게 없다. 개울 건너 공장 터는 더 가늠하기가 어렵다. 공장 너머로 펼쳐진 논과 초가들이 있던 자리는 어디쯤일까. 친구들과 놀던 모퉁이들은 어디로 숨었나.

여기서 초등학교까지는 5.2킬로미터다. 학교에서 축동안까지 3.6킬로미터를 걸어와 산길로 들어선다. 큰갈월 들어가는 입구부터 낯설다. 골짜기에는 펜션이 곳곳에 서 있고 개들이 떼로 몰려다니며 짖어댄다.

초등학교에 입학해 3년간 다닌 길을 따라 올라오면서 어렴풋한 기억과 연결해보지만 일치점을 찾기가 어렵다. 길도, 숲속도, 개울도, 마을도 모두 낯설다. 학교를 오가며 찔레순과 산딸기를 따먹고 더우면 개울에서 멱을 감고 다녔다. 그 넓던 개울이 이렇게 좁을 줄이야. 잔뜩 움츠렸다가 뛰면 한 번에 건널 것 같다.

물웅덩이가 깊어 너럭바위에 올라 다이빙도 하고, 개헤엄을 치면서 조막만한 발로 걸어 다닌 길이다. 지금도 어른걸음으로 한 시간 반은 족히 걸릴 거리를 깜깜한 새벽에 일어나 아이들과 함께 다녔다.

큰갈월은 축동안에서 산길로 들어오지 않으면 소돌말에서 작은갈울 산길로 들어와 마을을 모두 지난 뒤 잣나무가 우거진 고갯길로 넘어온다. 이 길은 더 만만치 않다. 어린아이 혼자 다니기에는 멀고 험한 길이다. 집으로 가는 길 선택권은 전적으로 언니들이 했다. 한국동란 후라 같은 학년이지만 두세 살 나이가 많았다.

내친 김에 작은갈울도 올라가 보았다. 여기도 기도원이 넓게 자리를 잡고 있다. 마을을 오른편에 두고 산을 따라 오르니 큰갈월로 넘어가는 고갯길이 나온다. 겨우 한 사람 지날 만한 길에 마른 풀이 길을 숨기고 있다. 그때는 반질반질하게 사람들이 오가던 길이라 제법 넓은 길이었는데 사람의 발길이 드무니 이렇게 변했나 보다.

내가 이 첩첩산중 산골에서 태어난 건 광산업을 하신 할아버지 영향이다. 서울서 아버지는 결혼 3일 만에 입대해 조부모는 이곳에 들어와 광산업을 하다, 한국동란으로 폐허가 된 국토에 집짓기 열풍이 불자 한지공장을 차리셨다. 물이 많이 필요한 생산업이라 이래저래 이곳에서 십여 년을 살았다.

골짜기가 깊어 물류에 시간이 많이 걸리고 동생들이 태어나자 공장과 창고를 지어 소돌말로 이사를 나온 덕분에 등하굣길이 반으로 줄었다. 그 후는 큰갈월에 들어갈 일이 없고, 내 앞의 일을 감당하느라 분주해 고향집 생각은 점점 잊혀졌다. 엄마가 그때 이야기를 하시면 언젠가 한 번 가봐야겠다는 생각만 허공을 맴돌았다.

엄마가 편찮으신 후 당번을 정해 부모님을 돌봐드린 지 6년이 넘었다. 생활도, 정리할 것도 어느 정도 자리가 잡혀 이번에 와보게 되었다.

산골마을은 특히 밤에 별들이 쏟아져 내린다. 크고 작은 별들이 눈앞에서 반짝이며 창가에 걸터앉거나 잣나무와 살구나무에 걸리기도 한다. 달을 따다 마당에 펼치고 아궁이에서 구운 옥수수나 감자, 고구마를 먹고 있으면 온 세상이 품속에 안긴다. 달빛이 쏟아져 내린 날은 할머니와 호롱불 없이 건넛마을로 마실을 다녔다.

과거는 오래된 미래다. 매일 새로운 시간을 살고 있어서 낯설기도 하지만, 어제처럼 오늘을 맞아 나름의 방법으로 시간과 동행한다. 인지장애를 앓는 엄마를 보며 어렴풋하게 내 미래를 그려보거나 엄마처럼 되지 않으려고 몸부림을 친다.

어제 윤동주가 하숙했던 집터와 그가 산책했을 수송동계곡과 인왕산자락길로 윤동주문학관에 들렀다. 시인의 언덕에 오자 낮달이 하늘에 걸려 빛났다. 매화는 꽃봉오리를 촘촘하게 내밀고 봄 맞을 준비를 끝냈다. 한양도성순성길옆 나무들도 새로운 시간을 기다리고 있다. 내게도 매일매일 새로운 날과 시간이 펼쳐질 것이다.

문득 윤동주의 시 「새로운 길」이 떠올랐다.

내를 건너서 숲으로
고개를 넘어서 마을로

어제도 가고 오늘도 갈
나의 길 새로운 길

민들레가 피고 까치가 날고
아가씨가 지나고 바람이 일고

나의 길은 언제나 새로운 길
오늘도… 내일도…

내를 건너서 숲으로
고개를 넘어서 마을로

(2019년 문학시대)

가을빛의 남산둘레길

대학으로 직장을 옮긴 뒤 책상에 앉아 있는 시간이 점점 늘어나고 있다. 식사량을 줄여도 몸이 둔해지기만 하고, 심지어 낮은 언덕을 오를 때도 심장이 놀라서 천천히 가라고 붙잡는다. 이렇게 지내다가는 큰일 나겠다싶어 지인들과 걷기 시작했다. 그동안 가보고 싶은 곳이나 살던 동네를 두루 찾아다니며 이야기꽃을 피우다보니 달콤한 휴식과 운동이 된다.

레오나르도 다빈치는 '휴식은 매우 생산적인 투자다. 가끔은 일을 떠나 휴식을 취하라. 쉬지 않고 일에 계속 매달려 있으면 판단력이 흐려질 것이다. 좀 멀리 떠나라. 그러면 넓은 시각에서 볼 수 있고 조화가 맞지 않는 부분이 쉽게 눈에 띈다'고 했다. 중요한 것을 먼저 해야 하는데 눈앞의 급한 것만 매달리게 된다. 결국 망가진 뒤에야 뭐가 중한지 깨닫는 우둔함에 고갯짓을 하게 되니 다빈치 말처럼 가끔 떠날 궁리를 해봐야겠다.

이번에는 가을단풍을 놓칠 수 없어서 남산둘레길이다. 사오십 년 전에는 여가를 즐길 곳이 많지 않아 가끔 남산을 찾았다. 케이블카를 타거나 수많은 계단을 걸어서 올랐다. 높고 긴 계단을 걷기만 하면 무료하고 힘들어서 그랬는지 남산계단에 서면 가위바위보를 했다. 우리는 그 시간을 불러들여 한바탕 웃음꽃을 피웠다. 주거니 받거니 이야기꽃이 쉴 새 없다. "맞아, 맞아"를 연발하며 꽃분홍빛 시간에 흠뻑 젖었다.

북측순환로를 먼저 걸었다. 잘 꾸며 놓은 길에는 남녀노소가 정겨운 시간을 나누고 있다. 실개천이 흐르면서 숲속바람과 함께 귀를 청량하게 씻어준다. 소나무, 단풍, 아까시, 상수리나무가 저마다 옷을 갈아입고 겨울채비중이다. 길 위의 소소한 것들과 이야기하면서 작은 물웅덩이에도 따뜻한 시선을 풀어놓는다. 뒹구는 낙엽 한 잎에 '마지막 잎새'를, 아랫동아리가 튼실한 소나무 앞에서는 바오바브나무를 덧붙이며 무아경으로 빠져든다. 청아한 기운의 블랙홀로 온몸이 빨려든다. 오색 그늘숲이 바람결 따라 출렁인다. 머릿속 파도를 타고 해피바이러스가 무릉도원으로 안내한다.

얼마 걷지 않아 와룡묘가 손짓했다. 가을을 고즈넉이 품고 있는 여러 전각에는 단군, 와룡, 관우, 산신이 이름값을 하고 있다. 선대의 정신을 지탱해 온 무게를 눈을 감고 체득해 본다.

살아온 시간도 짚어본다. 행복하기도 했지만 아프고 힘들었던 시간도 다가온다.

곳곳의 전망대는 가을을 뒤집어쓰고 질러대는 함성을 들으며 시가지를 내려다보고 있다. 무척 변한 외관만큼이나 사람의 삶도 격랑에 휘말려 있는 것 같다. 자고나면 새로운 사건사고가 시공간을 도배한다. 2년 전에는 북한의 핵실험과 경주지진으로 어떻게 살아야 하나 고민되더니, 대통령 하야를 요구하는 촛불집회가 토요일마다 열렸고, 68년 만에 찾아온 초대형 달은 바닷물을 앞세우고 도로를 삼켰다. 여전히 대형사고가 끊이질 않고, 힘 있는 사람들이 제 이익만 좇는 목소리가 넘쳐나며 청년실업 및 불황의 늪에서 허덕이는 경제와 인권문제, 강력사고는 쉴 새 없이 터져 어수선하다. 눈에 담기는 정경과는 사뭇 다른 사람들의 삶이 좌불안석하게 만든다.

길섶화단에는 형형색색의 국화가 머리를 매만지고 있고, 기묘하게 구부러진 소나무들은 듬직한 미소로 화답한다. 이리저리 휘둘리지 말고 초연하게 살아가란다. 이마에 빨간 두건을 동여맨 어르신이 국궁활터에서 시위를 당긴다. 실에 묶인 활은 제 맘대로 멀리 나가지 못하고 요즘의 세태를 대변하듯 땅에 곤두박질쳤다.

시냇물에 띄워놓았던 이야기를 따라 남측둘레길로 들어섰다. 아름드리나무들이 높이를 알 수 없는 푸른빛의 하늘과 화담하며 온몸으로 가지를 흔들어 맞아준다. 오른편에는 늘씬한 자태의 메타세쿼이아, 왼편은 울창한 소나무들이 군락지를 이뤄 진한 솔향기가 코끝에 매달려 떠날 줄 모른다. 묵었던 체증이 빠져나가며 심신이 깃털처럼 가벼워진다. 그 자리를 피톤치드가 파고들어 채우니 복잡한 일상과는 이별이다. 그늘숲으로 들어온 햇볕과 살랑거리는 바람이 온몸을 감싸 안는다. 엔도르핀이 마구 폭포수로 쏟아진다.

둘레길 사이로 성곽길이 얼굴을 내밀 때마다 옛길이 손짓하는 걸 참기가 힘들었다. 궁금한 마음을 앞세우고 성곽길로 들어섰다가 다시 둘레길로 돌아 나오길 거듭했다. 숲길걷기를 마음먹을 때부터 이미 옛길을 염두에 두었나 보다. 축조한 성곽돌틈 사이로 석공들의 숨결이 거칠게 새어나와 그 숨결을 타고 함께 숨을 쉬었다. 가족과 국가를 지키려고 쌓고 또 쌓은 성곽이다. 위협하는 적으로부터 제자리를 지키며 싸워 이겨낸 망부석이다. 그런데 요즘 사태를 초래한 작금의 사람들은 제 본분을 지키기가 어려웠을까. 가을빛 가득한 산책길에서 헝클어진 마음을 추스르며 속히 제자리 잡기를 바란다.

남산 정수리에서 훤히 내려다보이는 서울시내는 북한산, 북악산, 인왕산의 튼실한 방벽 아래, 검단산과 관악산이 어깨동무하는 품에 안겨있다. 구름바다 사이로 붉게 노랗게 물들인 첩첩단풍, 넙죽 엎드려 있는 산봉우리들, 아직 녹색 옷을 입고 웅성거리는 삼림이 겨울채비 차례를 기다리고 있다. 이 품에 살고 있는 사람들이 태평성세를 누렸으면 좋겠다. 지금의 어수선함은 이걸 벗어나려는 몸짓이길 바란다. "모든 생명은 고통을 싫어한다. 사랑과 연민을 키워 함께 살아야 한다."는 달라이 라마의 말씀처럼 사랑이 가득 차길 고대해본다.

둘레길을 걸으며 길에 대한 단상을 떠올린다. 길이라 불리지 않던 곳에 사람들이 발자국을 쌓아 길을 만들었다. 그 길은 사람의 발자국을 먹으며 숨을 쉬고 생명을 잉태하며 역사를 쌓았다. 발자국으로 다져진 길 위의 이야기들과 함께 설렘을 향유해본다. 소소한 풍경과 마주하며 발걸음마다 즐거움을 만끽하며 가을숲길을 걸었다. 온전히 누린 가을빛의 둘레길에서 삶의 밝은 모습을 만날 수 있을 거라 기대한다.

(2018년 한국동서문학)

순식간에

눈을 뜨니 하얀색 천장에 LED 불빛이 들어온다. 여기저기서 환자의 신음소리가, 오른쪽에선 크고 작은 바퀴 진동이 쉴 틈 없이 몸으로 전달된다. 이곳은 응급센터. 이제야 눈을 떠 불빛을 바라보고 있다. 눈 뜨는 것조차 버거웠던 몇 시간 전까지의 일이 주마등으로 스친다.

어제부터 콧물이 더 심하게 나고 목구멍이 벌겋게 부어 아침에 병원처방 감기약을 먹었다. 외출준비를 하는데 갑자기 양손바닥이 뜨거워지며 가려웠다. 손뼉을 치며 '뭘 잘못 만진 게 있나' 하며 대수롭지 않게 무시했다. 연이어 가슴이 답답해지며 맥박이 빨라졌다. 거기에 오심과 구토, 설사가 계속 이어졌다. 몸에는 열꽃이 피었다. 왜 이러지? 등과 팔, 다리, 뒤통수까지 온몸이 가려웠다. 아무리 긁어대도 가려움증이 줄지 않았다.

이건 무슨 냄새지? 익숙하지 않고 생소했다. 코끝을 맴도는 진한 향기가 어디서 나는 걸까. 평소에 향을 좋아하지 않아 향수와 향제품은 당연히 안 쓰고, 화장품이나 꼭 써야할 물품을 살 때도 향이 없거나 약한 것만 골라 쓰는데….

뭘 잘못 먹은 건가? 매일 먹는 사과와 감기약뿐인데. 아니면 뭘 잘못 만진 건가? 어떤 알레르겐 접촉이 있었나? 의문이 꼬리를 물지만 답답하기만 했다. 화장실을 들락거리며 보니 서혜부와 무릎, 상체도 열꽃이 대단했다. 한 번도 본 적이 없는 선홍색 열꽃이 온몸에 나타났다. 알레르겐은 뭔지 몰라도 '아나필락시스(심한 쇼크 증상처럼 과민하게 나타나는 항원 항체 반응. 알레르기가 국소성 반응인 데 비하여, 전신성 반응을 일으킴)'가 온 것 같다. 온몸을 긁어대며 병원에 가려고 동생에게 연락했다.

쪼그리고 엉금엉금 기어서 택시를 타려고 나섰다. 승객을 태운 택시를 이십 여 대 이상 보낸 후에야 겨우 타 "○○병원 응급센터로 가자."고 했다. 온몸은 이미 내 것이 아닌 것처럼 요동쳤다. 기사가 "가까운 ○병원으로 가겠느냐?"에 "거긴 진료기록이 없으니 ○○병원으로 가자." 했다. 기사가 보기에도 무척 심각했나 보다.

산 너머 산이었다. 응급센터에는 상태가 안 좋은 환자들로 인산인해를 이뤘다. 가슴이 답답하고 손떨림이 오면서 말도 더

듬거리고 온몸을 긁어대며 차례를 기다려야 했다. 접수부터 하러 줄을 서니 주저앉아서 아무것도 할 수가 없었다. 보안요원이 접수를 해주는 사이에도 바닥에 몸을 공처럼 구부리고 앉아 눈도 못 뜨고 일어설 수가 없었다.

너무 힘들어 구부정하게 쪼그리고 간호사실에 들어가 "숨 쉬기도 힘들고 상태가 많이 안 좋다." 하니 "더 나쁜 환자가 많으니 순서대로 기다리라." 했다. '진짜 응급은 환자의 호소이며, 초응급은 몸을 공처럼 웅크린 환자'라고 학생들을 가르쳤으면서도 막연히 기다릴 수밖에 없었다.

혈압을 재라고 해 자동혈압기로 혈압을 쟀지만 눈이 떠지지 않아 수치를 볼 수가 없었다. 옆의 환자가 내 손에 쥐어주는 종이를 그냥 받아 쥐고는 쭈그리고 앉아 있었더니 수치를 건네받은 간호사가 다시 혈압을 쟀다. 그러더니 다른 환자들을 제치고 바로 호명했다. 의사가 문진을 시작하자마자 간호사가 "혈압이 80입니다." 하니, 의사는 문진을 중단하며 "에피네프린!" 하면서 나더러 "왼쪽 문으로 빨리 들어가라."고 서둘렀다.

진료실을 나오니 앞이 캄캄하면서 문들의 장벽에 가로막혀 어느 문으로 들어갈지 몰라 주저앉았다. 마침 응급센터 통로 문이 열려 들어가서는 또 주저앉았다. 누구는 내 이름을 부르고 누구는 스트레처(눕는 차)가 없는데 바닥에 눕혀야겠다는 이야기가 들렸다. 어디선가 눕는 차를 가져와 누우란다. 혈압을 재고,

수액주입과 주사제가 투입되는 치료절차로 들어갔다.

주사제가 들어가고 얼마쯤 지나니 숨 쉬기가 조금씩 편안해지며 가려움증도 엷어지기 시작했다. 다른 의사가 문진을 이어갔다.

“언제부터 그랬느냐? 아침에 뭐 드셨느냐?”

“아침 9시 전에 감기약을 먹었다. 그 후부터다.”

“감기약은 오늘 처음 먹었나?”

“아니다, 일주일 정도 먹었다.”

“병원 처방약인가?”

“그렇다.”

“다른 거 뭐 먹은 것이 있느냐?”

“없다.”

“검사하면서 경과를 지켜보자!”

이제부터 서서히 혈압을 올려야 했다. 기다림의 시간이다. 또 얼마나 지났을까. 의사가 “아나필락틱 쇼크다. 또 올 수 있으니 4~6시간 동안 경과를 관찰해야 한다. 최소 저녁 5시까지는 있어야 한다. 엑스레이와 심전도검사도 있다.”고 했다.

그렇게 3시간이 지나니 혈압이 100㎜Hg 가까이 회복됐다. 평상시 혈압으로 되려면 더 시간이 필요했다.

다시 생각해봐도 아찔한 순간의 연속이었다. 응급상황이라고, 다양하게 이상증세를 온몸으로 말을 해주는 거였다. 매 순간 조금만 늦게 결정을 했어도, 택시기사 말대로 작은 병원에 갔다면, 혈압이 떨어져 회복이 불가능했을 수도 있었겠다.

응급환자로 와보니 간호학을 배우고 그 지식을 오랫동안 근무하면서 사용한 게 너무 감사했다. 만약 기초지식이 없었다면 지금 여기 이렇게 누워있을 수 있었을까. 그냥 별일 아니라며 무시했으면 어떻게 됐을까. 생각하기도 싫고, 몸이 말하는 걸 잘 분별 있게 처신해준 나도 고마웠다.

동생이 응급센터에 와 보니 내가 의자에 앉아 있더란다. 내게는 기억에 없는 그 이야기를 들으며 더 늦지 않은 시간에 치료가 시작된 것 같아 그것도 고마웠다.

괴테는 '영리한 사람은 거의 모든 것을 우습게보지만, 분별 있는 사람은 아무것도 우습게보지 않는다'고 했다. 영리하다고 어떤 일이나 우습게보지 말아야 하며, 매 순간 분별과 사리로 본질을 제대로 보며 해결하는 게 필요하다. 오늘이 그런 날이었다. 모든 일은 순식간에 일어나고 그 조금의 시간차에 의해 전혀 다른 결과가 나타날 수 있다. 어수선한 응급센터에서 점점 편안해지고 있는 나를 들여다본 시간이었다.

(2019년 창작수필)

아! 하시구요, 다무시구요

창문 너머 한강이 봄바람에 치마폭을 살랑거린다. 자동차전용도로에는 갈 길 바쁜 차들이 뜀박질을 하고, 병원 뜰 안의 벚꽃이 연분홍 봉오리를 빼어 물고 있다. 성미 급한 우리 동네 벚꽃은 햇살 좋은 날에 두리번거리다가 웃음보를 터트렸는데 이곳은 강바람 때문에 아직까지 숨을 죽이고 있나. 엊그제도 강원도에 눈이 내렸다하고, 어김없이 이맘때 찾아오는 꽃샘추위도 그냥 지나치는 법이 없다.

요즘 가끔씩 치과 의자에 비스듬히 누워 민망하게 봄꽃봉오리처럼 입을 벌렸다 닫았다 하고 있다. 몇 년간 핑계를 대면서 차일피일 망설이다가 치료를 시작했다. 더 이상 물러설 곳이 없고 다급해져서다.

"아! 하시구요.", "다무시구요!"

처음에는 이 소리를 못 알아들어 반문도 했고, 연이는 채근에 제식훈련 하듯 입을 쫙 벌리기도 했다. 구멍포를 얼굴에 뒤집어 쓰고, 의사는 마스크를 했으니 잘 들린다면 오히려 이상하겠다.

석 달 전에 시작한 치료가 드디어 일단락을 맺는단다. 치과 안의 여러 진료과를 돌면서 치료계획 수립부터 검사와 치료를 모두 받았다. 그동안 몸을 보살피지 않고 살아온 대가를 혹독히 치르고 있다. 이래서 적응은 무서운 체념을 부르나보다.

노벨상을 수상한 컬럼비아대학 에릭 캔들 교수의 연구에 의하면 '바다 달팽이 군소는 수관에 자극을 받으면 아가미를 움츠리는 자연적 반응을 보이지만, 아가미를 계속 자극하면 어느 순간부터 자극에 무관심해지는 적응효과를 보여준다'고 했다. 적응이란 그만큼 원초적이고 그렇기 때문에 더욱 무섭다더니 내가 그렇게 살아왔나 보다.

요 며칠 지분거리는 날씨에 바람을 품은 꽃샘추위가 기세등등하더니 꽃비를 내리고 서 있는 몇 그루가 시선을 잡아당긴다. 연둣빛 이파리를 내밀려고 안간힘을 쓰고 있는 중이다. 이 나무들도 섭리에 따라 제 할 일을 하고 있구나.

"아! 하세요!"

다시 입을 벌렸다. 처치등 불빛이 한아름 쏟아져 들어온다. 이젠 자동 공정이다. 입을 벌림과 동시에 구멍포 속에서 눈은 감아야한다. 불을 켰다 껐다, 의자를 올렸다 내렸다, 입을 헹궈

이물질을 뱉어내길 얼마나 한 걸까. 처음에는 입 벌리기가 쑥스러워 조그맣게 벌렸다가 주의를 받고는 요령껏 한다.

"다무시구요.", "아! 하시구요."

입 운동이 많은 치료를 받을 때는 무념무상으로 있어야 한다. 내 생각에 사로잡혀 의사의 요구를 따르지 않으면 치료협조가 안 되는 환자가 된다. 어제 다녀온 출장지에서 요청한 사항이 뭐였더라. 인터넷에서 찾아보면 있을까, 미리 강의 자료로 만들어 두지는 않았었나, 오후 일정은 어떻게 되지, 꼬리를 무는 생각을 끊어내기는 쉬운 일이 아니다. 어제 친구가 보내준 글이 참 좋았지. '존경받고 싶으면 말을 너무 많이 하지 말고, 건강해지려면 많이 먹지 마라'는 아제르바이잔 속담이었지. 나는 어떠한가. 구멍포로 가려진 내 머릿속은 자꾸 상념에 사로잡힌다.

"다무세요!"

오늘은 기계로 입을 벌리지 않아 그나마 다행이다. 입을 기계로 벌려놓으면 입안이 마르고, 건조해진 입술 주위를 의사가 손으로 누르면 건조한 살이 겹쳐 아프게 된다. 불편하고 아프지만 입 벌리는 민망한 일보다는 참아야겠다며 배에다 힘을 주곤 했다. 도저히 참을 수 없는 통증일 때는 손을 든다. 그러면 기계도 풀고, 잠시 입을 닫게 해준다. 나만이 아는 아니, 나도 모르는 나의 속을 보여준다는 게 참 민망한 일이다. 내 몸을, 내 마음을 드러내놓는 일은 용기가 필요한 일인가 보다.

"아! 하시구요."

얼마를 한 걸까. 아니, 얼마나 더 해야 하는 걸까. 처음보다는 익숙해졌지만 속을 보여주는 일은 무척 쑥스럽고 면구스럽다. 이건 치료과정으로 환자와 의사 사이의 당연한 일인데 말이다.

입술 주위가 얼얼하다. 오늘 따라 얼굴근육이 자꾸 눌려진다. 뜻대로 잘 안 되는 건가. 도대체 구멍포 밖의 세상을 알 수가 없으니 답답하기만 하다. 최선을 다하고 있는 의사를 기다려줄 줄도 알아야한다며 벌린 입으로 웅얼거려본다.

그래 맞아. 최선을 다하고자 결심하는 순간, 신도 감동을 받는다고 했지. 결코 상상할 수 없는 여러 가지 일들이 나를 도와준다지. 결정의 순간을 시작으로 수많은 사건들이 일어나며, 어느 누구도 자신에게 이런 일이 일어날 거라고 생각하지 못했던 온갖 종류의 예기치 않던 사건들과 만남과 물질적 원조가 나의 힘이 되어준다고 요한 볼프강 폰 괴테가 이야기 했지. 진료에 협조를 잘하면 신도 감동 받아 나의 힘이 될 거야.

"다무시구요.", "아! 하시구요."

항상 마무리는 완벽해야 해. 그래야 뒤탈이 안 생기는 거야. 새로운 창조는 주어진 한계를 적극적으로 껴안고 활용한 흔적이 그 배경에 있는 거야. 의술도 예술이라 했잖아. 그래서 그 한계점이 곧 예술가의 시야가 넓어지는 순간이라는 것이지.

이런 말도 있잖아. 결단하면 신이 돕기 시작한다고. 산길을 등산하는 사람들은 '산길의 마법'이라는 걸 믿는다고들 얘기한다지. 일이 가장 암울하거나 꼬여 있을 때 뭔가 운수 좋은 일이 일어나 당신이 순항하도록 돕는다는 것이라고. 이제 속을 보여주는 민망한 일도, 석 달 동안의 만남도 잠시 후면 종지부를 찍겠지.

한때는 높고 단단한 벽에 부딪쳐 깨지는 알이 있다면, 늘 그 알의 편에 서겠다고 했었지. 이 세상은 거칠고 가혹하기도 하지만, 동시에 멋지고 아름다워질 수 있는 세상인 것도 잘 알고 있지. 알을 깨려면 알 속의 병아리와 알 밖의 어미가 같이 깨야 하는 거야.

"다무시구요!"

하도 힘을 주고 있었나. 어색하게 입을 다물고 나니 다 되었단다. 드디어 기다리던 순간이다. 서로 수고했다며 맞절을 하고 나니 이젠 이 독특한 화법도 그립겠구나싶다.

백일 간의 치과 진료 과정이 마무리되었다. 민망하게 입을 벌리며 시작했는데 그간 통증도 잘 참아냈고 이런 저런 일들도 잘 견뎌냈다. 앞으로도 새로운 일이 찾아오면 나를 다듬질하며 믿음으로 삶을 풍요롭게 하는 동반자로 만들자며 연둣빛 손가락 걸기를 했다. 구멍포에 가려 숨어 있던 창밖 세상에는 심술궂은 바람에 봄꽃들이 입을 다문 채 떠다니고 있다.

(2015년 강원여성문학)

엉또폭포

봄철 석 달의 지독한 가뭄 끝에 단비가 오면 무척 반갑듯이 비가 와야 얼굴을 보여준다는 엉또폭포를 만나러 가는 길을 폭우가 온몸으로 도와줬다. 제주도의 회오리비바람이 잠깐 성긴 틈에 들른 미술관을 나서자마자 마디 굵은 장대비가 내려 꽂혀 시야를 덮는다. 비바람이 세차게 몰아쳐도 가는 날이 장날이면 좋겠다고 우람찬 폭포줄기를 그리며 딸애랑 웃음꽃을 피웠다.

올해 결혼하기로 마음먹은 아이는 예식장 보러 다니는 일부터 매주 시간 나누기가 수월하지 않았다. 강릉에서 주말마다 날씨가 궂어 서울길이 망설여지는 아이와 나 사이에는 전화로 필요한 이야기만 겨우 나누다보니 이야기꽃이 메말라 있었다. 자상하게 살피는 엄마는 아니지만 큰일은 결정해줘야 하니 아이가 여행을 계획했나 보다.

베이비부머 세대 아이들의 결혼이 몰려서인가, 더군다나 윤달이 끼여서 그런가. 예식장 잡기가 만만하지 않아 여러 주말 동안 뱅뱅이를 돌고 있는 아이는 첫 단추부터 만만하지 않은 인생 공부를 하고 있다.

오늘은 윤삼월 초하루. 귀신도 손 놓고 쉰다는 윤달의 첫날이다. 1삭망월은 29.53059일로서, 음력 12달은 1태양년보다 약 11일 짧아 계절과 너무 어긋나는 것을 막기 위해 간간이 넣은 달을 윤달이라 한다. 윤달은 19년 7윤법(十九年七閏法)을 가장 많이 써서 19태양년마다 7개월의 윤달을 둔다.

예로부터 윤달은 '썩은 달'이라고 하여, '하늘과 땅의 신이 사람들에 대한 감시를 쉬는 기간으로 그때는 불경스러운 행동도 신의 벌을 피할 수 있다'고 널리 알려져 왔다. 이 때문에 윤달에는 이장(移葬)을 하거나 수의(壽衣)를 하는 풍습이 전해 내려와 올해에는 집집마다 이장준비에 분주하기까지 하다.

비 맞은 중이 담 모퉁이 돌아가는 소리인 양 폭우가 느슨해질 무렵 찾은 폭포 입구의 작은 주차장엔 사람들과 장사치들로 북적였다. 엉또다리 아래로 쏟아져 내리는 흙탕물 물줄기는 힘찬 소리를 내며 계곡의 모든 걸 끌어안고 바다로 흘러간다.

하늘에서 쏟아지는 우렁찬 소리에 이끌려 오르다보니 물에 흠씬 젖은 사람들이 두런거리며 웃음꽃이 만발하여 내려온다. 폭포소리가 가까워질수록 빗소리를 삼켜버려 비가 오는지도 모르겠다. 짙은 안개로 둘러싸인 폭포가 위용을 자랑하며 위풍당당하게 서 있다.

이런 폭포가 있었다니. 나중에 알았지만 이날은 200㎜를 쏟아 붓고 난 뒤라 자연의 경이를 넘어 무섭기까지 했다. 둘레는 장정 열 명 이상이 손에 손을 잡아야 겨우 가둘 수 있겠다.

우산이 벗겨진 줄도 모른 채 폭포의 매력에 푹 빠져 폭포 속에 내가 들어가 있는지 폭포가 내 속에 들어온 건지 분간이 되질 않는다. 무아지경이 이런 걸까. 다른 사람의 말 따위는 귀에 닿지도 않는다. 주변의 기암절벽은 또 어떤가. 사람 얼굴 모양의 바위 사이로 둘러싸인 천연 난대림이 초록빛깔 교향악 연주로 천지인 합일을 이루고 있다.

엉또폭포는 발길이 뜸한 곳이었는데 방송소개 후 많은 사람들이 찾아온다고 한다. 물이 풍부하지 않아 70㎜ 이상 비가 오거나 장마철에야 웅장하게 폭포수가 떨어지는 것을 볼 수 있는데, 비가 많이 내린 오늘이 바로 그날이었다. 제주도 방언으로 '엉'은 큰 웅덩이를, '또'는 입구를 뜻하는 도의 발음상 차이로 '큰 웅덩이라는 뜻을 가진 폭포'라고 한다.

폭포비를 맞다보니 얼마 전 일이 떠오른다. 날마다 하던 대로 일하다 쓰러져 혼수상태에 빠진 여자환자는 의식이 회복되질 않았다. 남편과 시댁식구들은 그간 무위도식하며 지냈으므로 오로지 환자가 벌떡 일어나 일을 하고, 예전처럼 살길 바랐지만 마음대로 안 되다보니 사사건건 트집이었다. 언제든지 면회하게 해 달라, 보호자마다 설명을 해주고 동의를 구해라, 수술이 잘못돼서 그런 거니 살려내라, 진료비는 일원도 낼 수 없다는 등 환자상태에 대한 설명은 귀담아 듣질 않고 억지생떼만 썼다. 의료진은 최선을 다해 진료했지만 비협조적이었다. 환자는 안중에도 없고 자기네들의 생활을 책임져 달라는 소리 같았다. 어이가 없지만 이런 보호자를 가끔 만난다. 이런 답답한 상황을 만날 때 오늘처럼 엉또폭포를 보면 묵힌 체증이 내려갈 것 같다.

모든 일은 좋은 일만도 나쁜 일만도 없는 것일 게다. 어떻게 생각하느냐의 차이만 있지 않을까. 비가 내려 불편하다고 투정하기보다 오늘처럼 비가 오면 그동안 미뤄뒀던 꼭 하고 싶은 걸 하면 어떨까. 만약 비가 온다고 여행을 미루거나 박물관 순례만 했다면 이런 장관을 볼 수 없었을 게다. 유한한 인생에서 어떤 생각과 태도로 살아야 하는가를 여실히 보여준 하루다.

보일 듯 말 듯 숲 속에 숨어 지내다 한바탕 비가 쏟아질 때 그 위용을 보여주는 폭포가 독특한 매력을 발산한다. 폭포비에 흠뻑 젖어도 등줄기로 번지는 행복함을 설명할 수는 없겠다. 아름다움에 넋을 놓고 바라보다 어스름이 들 무렵 계곡 주변의 나무와 꽃들의 배웅을 받았다. 내려오는 뒤통수에다 꼭 이곳에 다시 오라며 굵직한 저음으로 이별인사를 건넨다. 데크로 정돈된 산책로에는 동백꽃이 붉은 웃음을 지으며 손을 흔들고 있다.

'산이 울면 들이 웃고, 들이 울면 산이 웃는다'고 했던가. 항상 이득만 있는 것은 없다. 밝은 면을 보고 좋은 생각과 태도로 임할 때 인생의 주인으로서 잘 살았다고 되돌아보며 웃으면서 이야기할 날이 있을 것이다.

이튿날은 전날 비가 왔었는지를 망각하게 하는 쾌청한 날씨다. 새벽부터 공기도 맑고 습기는 찾기가 어려웠다. 봄빛이 녹아든 파란 바다와 포말의 정겨움을 만나며 이곳저곳을 다니다 엉또폭포를 다시 가보기로 했다. 궁금증을 앞세우고 찾아 간 폭포는 전날의 위용을 어디다 감추었는지 물줄기랄 수도 없는 가느다란 줄기 몇 개를 겨우 걸쳐놓았을 뿐이다.

하루 만에 이렇게 되다니. 어제 온 그 많은 비의 양을 몽땅 바다로 보냈단 말인가. 화산암이라서 물을 담을 수 없어서 그렇다지만 이럴 수가 있을까. 동전의 앞뒷면처럼 포개진 두 얼굴의 폭포를 보면서 즐거운 생각만 갖기로 했다. 일장춘몽(一場春夢)이 아니라 찰나춘몽(刹那春夢)에 빠진 우리는 어제의 우람한 소리를 언제 또 들어보나 하면서 터벅터벅 산책로를 내려왔다.

(2012년 문학시대 동인사화집)

40년 전의 잔상

'빨리 가려거든 혼자 가라. 멀리 가려거든 함께 가라. 빨리 가려거든 직선으로 가라. 멀리 가려거든 곡선으로 가라. 외나무가 되려거든 혼자 서라. 푸른 숲이 되려거든 함께 서라'는 인디언 속담이 있다. 지나온 시간을 되새겨본다. 나는 어떻게 지나왔나. 함께 온 것인가. 직선으로 오다보니 외나무가 된 건 아닌가.

시월이 되자 가을빛이 점점 물들기 시작한다. 가끔 들르는 뒷동산에도 초가을이 찾아와 숲길의 공기가 달다. 인적이 드문 숲에서는 귀를 씻어주는 맑은 물소리와 싱그러운 향기가 진하다. 쏜살같이 지나간 시간을 더듬고 싶어 삼자매가 의기투합했다. 어디부터 갈까. 동생들이 서울로 와 함께 살던 시간부터 가보기로 하였다.

다섯 살 아래인 여동생이 서울생활에 합류할 때, 부모님과 어린 동생들은 지방에 살았고, 대학 졸업을 앞둔 나는 독립문 인근에서 할머니와 대학생인 남동생과 살았다.

큰여동생은 초등학교에 입학하면서 나를 따라 학교엘 다녔다. 크고 예쁜 눈을 가진 동생은 손수건을 가슴에 달고 십리 가까운 등·하굣길을 내 손 잡고 다녔다. 동생은 수업이 끝나면 내 수업이 끝날 때까지 우리 반 교실에 함께 있었다. 지루한 시간이었을 텐데 유순해서 그런지 말썽이 없었다. 작은여동생은 여덟 살 아래로 큰여동생이 서울로 합류한 후에 가끔 다녀가다가, 내가 결혼하고 나서 서울로 왔다. 그러다 동생들도 남편 직장 따라 흩어져 살다보니 함께한 추억이 아슴아슴하다.

먼저 덕수궁 앞 정동전망대부터 갔다. 시청사 13층 카페인 전망대는 출입허가를 받아 올라갔다. 카페에는 남자 아이돌로 보이는 청년 두 명이 카메라 여러 대에 둘러 싸여 촬영 중이다. 보라색 머리가 유난히 시선을 흔들어놓는다. 비집고 들어가 한갓진 곳에 앉아 덕수궁을 눈 아래 담았다. 아직 단풍 옷으로 갈아입지 않은 나무들이 조금 일찍 왔다고 귀띔을 한다.

아이들과 덕수궁에서 보낸 시간들이 다가왔다. 장난기가 많은 아들, 늘 웃으며 사촌동생들을 잘 데리고 노는 딸, 형과 누나를 따르는 조카들은 쉴 새 없이 덕수궁 뜰에 웃음소리를 펼쳐놓는다.

덕수궁 돌담길을 걸어본 것이 언제인가. 그간 무엇을 하며 종종대고 살았나. 오늘은 가을이 내게 준 선물이다. 청징한 가을 공기가 얼굴을 보듬는다. 정동교회, 정동극장, 보구여관, 러시아공사관, 경교장이 낯선 듯 낯설지 않게 다가와, 기억 어디쯤의 틈서리에서 안개처럼 스며 나왔다. 사직터널 위를 지나 인왕산으로 오르는 서울성곽으로 들어섰다. 예전에는 아무렇게나 방치되어 아이들 놀이터가 되던 성곽 돌들이 제 모습으로 위풍당당하게 서 있다. 어렴풋한 기억들이 솟아난다.

대신고등학교 담벼락을 끼고 오른쪽 골목길로 올라가면 나왔던 집. 단수가 되면 양동이를 들고 산꼭대기의 5층짜리 ○○아파트 공터에 올라 물을 받아오던 일. 공터에서 놀다 산속 풍경이 궁금하면 올라갔던 절, 선바위, 인왕산. 산에는 호랑이가 산다던 할머니의 말씀까지 생생하게 피어났다.

통행금지시간이 있던 그 시절, 오후 11시에 마치는 임상실습이 늦게 끝나면 연건동에서 집까지 걸어왔다. 자정 사이렌소리에 놀라 골목골목에 숨으며 눈치껏 왔다. 산자락 언덕배기에 다닥다닥 지은 한옥의 골목길로 똥지게가 지나가면 한동안 숨을 멈췄다. 동네사람들이 음식을 나눠 먹으며 이웃의 숟가락 개수까지 알고 지내던 때다. 골목길에는 항상 딱지치기며 고무줄놀이나 숨바꼭질로 떠들썩하고 웃음이 마를 날이 없었다. 이렇게 함께 하면서 멀리 가려고, 푸른 숲이 되려던 시간이었다.

우리가 살던 집은 내려오면서 찾아보기로 했다. 잘 닦여진 성곽 길 따라 선바위 가는 길로 방향을 잡았다. 산 중턱에 꾸며놓은 공원에서는 서대문독립공원과 안산 너머 여의도가 눈에 들어왔다. 애국지사를 고문했던 서대문형무소가 그때 그 시간을 담아 안고 초연하게 가을을 맞고 있다. 옛 동네는 낯선 풍경들로 바뀌어 살던 집을 찾을 수 없을 것 같았다. 독립문 대로에서 산꼭대기까지 차가 다니던 큰길은 어슴푸레 제자리를 지키고 있다.

가을 해는 꼬리가 길지 않으니 서둘러 인왕산 선바위로 향했다. 물길을 옆구리에 끼고 우거진 숲길을 따라 군데군데 무속인들이 치성을 드린 흔적을 지나 선바위에 올랐다. 청와대부터 잠실까지 한눈에 담긴다. 참선하는 모습으로 우뚝 서 있는 선바위는 기묘한 자태로 가을바람과 속삭이고 있다.

해넘이를 보고 싶었으나 익숙하지 않은 산길을 내려가야 하므로 서둘러 발걸음을 옮겼다. 땅거미가 기어올 무렵의 흑백풍경을 뒤에 남긴 채, 수런거리는 숲속 정경들을 귀에 담으며 기분 좋게 어루만지는 바람의 숨결 따라 내려왔다. 우리가 놀던 그다지 크지 않은 절이 있던 곳에는 인왕사라는 이름하에 여러 사찰들이 빼곡하게 앉아있다.

산 중턱의 대규모 아파트단지 둘레를 내려오면서 이제야 살던 집을 만날 수 있겠다는 설렘으로 들떴다. 그러나 손에 손을 잡고 촘촘히 서 있는 빌라들이 쉽게 접근을 허락하지 않았다. 똑같은 빌라들 틈에서 어느 골목으로 들어가야 할지 막막했다.

묻고 물어 대신고등학교 담장을 끼고 내려왔지만, 오르내리던 골목은 흔적조차 없다.

빌라밀집지역으로 변한 골목을 연방 들락날락하면서 가파른 계단을 오르내리며 기억을 더듬었다. 사십 년 전 시간을 뒤적이며 살던 집을 찾아보려 했지만, 짐작만 갈 뿐 끝내 여기다 할 수는 없었다. 그나마 학교가 제자리를 지키고 있어서 어렴풋이 윤곽을 잡아볼 수 있었다. 어두워진 골목을 더는 서성일 수 없었지만, 깊이 자리 잡은 기억으로 조각 맞추기를 해 보았다. 땅거미가 내려앉아 어스름이 숨어버린 저녁 무렵에 함께 더듬은 시간이 쉽게 지우지 못한 첫사랑의 여운으로 다가왔다.

심리학 용어인 자이가르닉 효과(Zeigarnik effect)가 있다. 이는 마치지 못한 일을 마음속에서 쉽게 지우지 못하는 현상을 말한다. 첫사랑을 쉽게 잊지 못하는 것처럼 일이 완결되지 않으면 긴장이나 불편한 마음이 지속되어 잔상이 오래 남게 된다. 함께 푸른 숲을 만들며 곡선으로 멀리 가려고 지나간 시간을 더듬은 오늘, 이 잔상이 또렷하게 오래 남을 것 같다.

(2019년 문학시대)

가슴 뜨거운 삶을 드러내지 않으며

글방에서 바라본 창밖은 회색빛 농담을 버무려 놓은 한 폭의 수묵담채화다. 회색을 덧입힌 아파트들이 그림자처럼 서 있고, 붉은 벽돌의 고등학교는 진회색을 걸쳐 입고 하단에 묵직하게 앉아있다. 진초록의 웅성거림이 시끄러워지면 목이 쉬어라 울어대며 짝을 찾는 매미들의 목소리가 회색빛에 숨어들지 않고 목청을 가다듬고 있다. 회색빛만 덧입은 단단한 여름 속살을 아침부터 만지작거렸더니, 매무새 다듬어주던 풍경 속에서 유년의 시간이 손짓을 해댄다.

그때는 대청마루에 앉아 있으면 모든 것이 풍경화였다. 산등성이를 따라 녹음 짙은 숲을 내려오면 듬성듬성 농가가 들어앉았고 비탈길에는 곡식들이 자랐다. 큰 길로 향하는 마을길은 몇 갈래로 머리를 땋아놓았다. 이쪽 산기슭과 저쪽 산비탈을 이어주는 개울물은 징검다리와 노래를 하며, 가끔씩 빨랫방망이소리에 장단을 맞춘 아낙네들의 웃음소리와 어우러졌다. 웃음소리는 고즈넉한 마을에 파랑을 만들며 울려 퍼졌다. 여름이면 물웅덩이에서 물장구를 치며 풍덩대다 빨래하는 아주머니한테 물벼락을 맞기도 했다. 장대비가 한바탕 쏟아지면 개울물이 불어나 징검다리돌이 이가 빠진 것처럼 듬성듬성 달아났고, 왕래를 못하는 사람들은 손으로 확성기를 만들어 소리를 지르며 안부를 묻기도 했다. 대로변 앞마당보다 뒤란은 작은 동산이 들어와 있어 마음껏 뛰놀던 유년의 놀이터였다. 지워질 수 없는 유년의 편린들이 조각 맞추기를 완성하고 있다.

초등학교에 입학하기 전부터 할아버지 손에 이끌려 먹 가는 법을 배웠고, 고사리 손으로 갈아 만든 먹물로 할아버지께서는 묵화를 치시거나 한시를 지으셨다. 손수 한지로 천자문 책을 만들어 가르쳐 주시며 시조도 알려주셨다. 어린아이가 수십 편의 시조를 읊조렸으니 지금 생각해봐도 조금은 특별한 나의 유년이었다. 한국동란이 멈춘 1960년대는 시골에서 책을 구하기가 매우 어려웠다. 아버지는 책읽기에 빠져 있던 맏딸을 위해 서울길에 책을 사다주시곤 했다. 서울에 있는 고등학교에 진학해서는 친구 집 벽면을 가득 채운 책은 내 것이 되었다. 특히 문학전집은 모두 가져다 읽으며 책읽기와 글쓰기는 나의 일상이 되었다.

나는 어떻게 살아내고 싶은 걸까? 나를 열정으로 휩싸이게 하고 마음에 꼭 담게 하는 건 무엇일까? 그간 더불어 살아온 것은 사람에 대한 이해와 사랑인 간호와 내 앞에 펼쳐진 자연의 무궁무진한 가르침이었다. 수려한 풍경 끝에 매달린 안개비도 데리고 다니고, 그리움 넘치는 강과 바다를 만나며 두근거리는 마음으로 달려왔다. 여백의 하루를 빗속으로 보내기도 하고, 가끔은 깨끗함을 널어놓으며 꾸어지지 않은 꿈을 하나씩 펼쳐보기도 했다. 사람살이는 어떤 것일까. 필연에 의해서일까. 아니면 우연에 의해서 인생의 색감이 정해지는 것일까. 그것도 아니라면 매 순간의 선택에 의해서 삶을 채색하며 살아가는 것일까. 가끔씩 되묻곤 한다. 사람살이는 자신의 모습과 깊이를 자신의 빛깔로 담아내며 흐르는 강물처럼 흘러가는 것 같다.

1974년 봄은 막연히 꿈꾸던 내 인생을 펼쳐내려고 꿈틀대고 있었다. 간호가 무엇인지도 모르던 새내기는 생활하수가 흐르는 대학로변의 개나리에 취하고 문리대 교정의 라일락 향기를 코끝에 매달며 건널목을 건너다니기에 여념이 없었다. 단과대학을 관악에 모아 놓자 우리들은 바람이 제집 드나들 듯하는 공터에 어린 나무를 열심히 심으며 강의를 들었다.

시계탑 건물에서 첫걸음마를 떼어 지금의 서울대학교병원으로, 다시 어린이병원까지 십년을 넘기고, 88올림픽을 치른 그해 가을, 풍납동에 짓고 있는 서울아산병원으로 일터를 옮겼다.

우리나라 최초로 최대 규모인 2,200병상을 운영하는데 여러 부서를 섭렵하며 열정으로 제몫을 다했다. 그러고 나서 강릉아산병원 간호부서장 9년과 전국에 있는 아산재단 산하의 6개 병원 자문을 하다가 퇴직 후 대학으로 자리를 옮겼다.

돌아보면 사십여 년이 주마등처럼 생생하게 파노라마로 펼쳐진다. 강릉아산병원에서의 삶은 학교와 병원에서 배우고 익힌 것을 후배들과 나누며 살게 한 귀중한 텃밭이 되었다. 마음이 따뜻한 직원들과 머리를 맞대고 꿈을 향해 달려가며 각종 평가에서 탁월한 성적의 값진 선물도 받았다. 그렇게 핵심역량을 최대치로 끌어올리며 괄목할만한 성과를 내는데도 채워지지 않는 헛헛함이 따라다녔다. 언제부터였을까. 내 안에서 잠재워지지 않는 문학에의 열정이 불쑥거리며 나이 듦에 대한 반추가 성찰로 찾아왔다.

하루 종일 마음속을 헤집고 다니느라 지친 발자국을 글방에 내려놓아 본다. 눈 속의 달이 어둠 속에서도 길을 잃지 않았다며 반갑게 웃고 있고, 흐름을 늦췄던 시간들이 앞을 다투며 다가선다. 우리가 기다리는 바로 이 순간에도 행복은 늘 그 자리에서 기다리고 있었다며 정겨움이 가라앉은 일상을 수묵담채화로 그리고 있다. 철마다 이채로운 빛깔로 가슴 속에 남아 있는 일상은 한 줌의 눈물을 불빛 속에 던지기도 한다. 그림자의 향기인가. '삶은 건너는 것이 아니라 누리는 것' '참다운 삶이란 의미를 채우는 삶이고, 의미를 채우지 않으면 삶은 빈 껍질이다' 는 법정의 말씀이 나지막하게 가슴을 채운다. 사람 사랑인 간호 속에서 드러내지 않는 자연을 벗하며 하나씩 의미를 채우고자 시작한 글쓰기가 벅참으로 이어져 '간호와 자연을 벗' 하는 소명의 어깨에 힘이 실린다. 시간의 향기가 되살아나며 노자의 상선약수(上善若水) 그 음성이 나지막하게 내 귀에 고여 들며 마음이 푸근하고 넉넉해진다.

지금은 후학들을 가르치고 있다. 임상현장에서의 경험들을 가슴 뜨겁게 학생들에게 들려주고 있다. 오늘도 시간 사이사이를 뛰어다니다 글방에 앉았다. 달래지지 않는 회색빛 여운이 모차르트와 함께 귀에 달라붙는다. 가슴 뜨거운 사랑으로 달 따러 떠난 멘델스존이 빛과 소리의 도광양회를 만나 더 깊어진다. 눈 맑은 별 하나 옆자리에 앉혀놓고 꿈밭에 별을 뿌리며 라일락 향기가 넘치던 교정의 그리운 사람들을 만나러 달빛에 묻어 놓은 이야기 속으로 들어가야겠다. 즐거웠던 기억의 편린들을 서랍에서 끄집어내 가슴 뜨거운 삶을 드러내지 않으며 상선약수를 벗하여 내 인연의 자락에다 책임의 붓으로 명화를 그려내고 싶다.

(2016년 문학의집 · 서울)

4.

울컥 프로젝트

가을빛 머금은 영랑호

파스칼은 '어떻게 스트레스에서 벗어나는지 물을 때 자기 배꼽만 쳐다보고 있지 말라. 그러는 건 자아의 감옥 안에 갇히는 것'이라 했다. 맞아! 누구나 자기 배꼽만 보고 있는지도 몰라.

늦가을이 자기 배꼽의 몰입에서 벗어나는 길을 일깨워줄 수도 있겠다 싶어 길을 나섰다. 만추의 안마당, 설악산 자락에서 노닐다보니 찬바람이 계절의 안섶을 파고든다. 서둘러 영랑호를 찾았다.

신라의 화랑 영랑 일행이 금강산에서 수련하고 무술대회에 나가려고 속초에 들렀는데, 울산바위와 범바위 등 호반의 풍치에 도취되어 풍류를 즐기다 대회에 나가는 걸 잊었다. 그래서 그들이 눌러앉은 자리가 영랑호로 불리었고 그 후로는 화랑의 수련장이 되었단다.

이런 이야기도 전해진다. 청초호의 수컷용과 영랑호의 암컷용이 지하통로를 오가며 살았는데, 한 어민의 실수로 청초호 주변 솔밭에 불이 나 수컷용이 타 죽었다. 이에 암컷용이 격노해 가뭄과 흉어의 벌을 내려, 기우제와 용신제로 용의 죽음을 위로하고 나룻배들의 무사고를 기원하였단다. 이런 설화를 들으면 늘 즐거움이 배가되곤 한다.

화강암이 침식작용으로 깎여 마치 범이 누워있는 모습의 범바위에 올랐다. 웅크리고 앉아 물속에 잠겨있는 기기묘묘한 바위는 정자에게 어깨를 내어주었다. 이 정자가 영랑 신선들이 놀며 구경했던 영랑정이다. 언뜻 보면 나뭇잎과 범바위에 가려 잘 보이질 않는다. 큰 바위에 새긴 '영랑호' 글자는 붉은 갑옷을 입은 장수처럼 당당하다. 정수리는 큰 돌끼리 맞닿아 사람이 드나들 길을 만들어 놓았다. 우리는 해거름을 준비하는 색감을 온몸에 두르고 어린애처럼 들락날락하며 기분 좋은 시간을 나눴다.

기암괴석의 설악산은 병풍이 되어 동해바다의 쾌활함과 맞닿아 있다. 호수 건너편에서는 단풍빛을 풀어 놓은 나무들이 손짓을 해댄다. 짙푸른 물감의 푸른 바다가 하얀 파도를 앞세우고 달려든다. 태백산맥 등줄기를 타고 오르는 태양이 구름과 승무를 추며 오색찬란한 색을 영랑호에 펼쳐놓는다. 햇빛을 받아 반짝거리는 호반의 물결, 모두 가을빛을 머금고 있다.

영랑호를 처음 만난 건 삼십여 년 전 여름 가족여행에서다.

여름마다 속초를 찾았던 우리는 늘 해수욕장 근처에서 숙박을 하며 바닷가에서 놀다 가곤 했다. 어느 해는 서울에서 출발해 스물세 시간 만에 도착했다. 한밤중에 너무 늦게 도착한 우리는 숙소를 구하지 못해 애를 쓰다가 허름한 민박집에서 하룻밤을 묵고, 다음날 숙소를 찾아 영랑호까지 올라가게 되었다. 그때 바라본 호수는 바다에 열광하는 가족들에게 밀려 눈만 맞추었다. 그다음 해부터 동해안행을 포기하고 서해안으로 다녔다.

그렇게 눈밖에 밀려있던 속초를 다시 찾은 건 강릉에 부임하고부터다. 그 후로 속초의 아름다움에 마음을 적셔보고 싶어 가끔 찾았다. 하지만 호수 둘레를 걸어서 한 바퀴 도는 것은 시간 여유가 없다며 미뤄놓곤 했다.

영랑호는 둘레가 약 8킬로미터인 석호다. 백사가 퇴적하여 발달한 자연호수로 수심이 깊고 영랑교 밑 수로를 통해 바다와 몸을 섞고 있다. 푸른 송림으로 우거진 골짜기는 넘어가는 해를 머리에 이고 두 팔을 벌리고 서 있다. 호수 속으로 작은 봉우리들이 들어와 가을빛으로 출렁인다. 고니와 청둥오리들이 자맥질하며 화룡점정을 찍고 있다.

갈대숲 사이로 큰고니 떼와 청둥오리 무리가 숨 가쁘게 달려간다. 떨치지 못한 미련이 남아 서둘러 가는 것인가, 아니면 등짐이 버거워 그런 건가. '내가 경험하는 모든 것은 나 자신의 반영이고, 나의 삶은 다른 모든 삶의 일부'라던데, 새떼에게서 미련이나 버거운 등짐이란 단어가 떠오를 줄이야.

그간 살아온 시간을 뒤돌아보았다. 목표로 세운 건 심신을 다해 이루려고 앞만 바라보고 내달렸다. 젊었을 땐 몸이 버텨줬는데 이제는 비축해놓은 영양소를 곳간에서 빼 쓰다 보니 탈이 나기 시작했다. 버티는 힘인 면역력도 점차 고갈되고 있으니 이제는 등짐을 내려놓으라고 채근을 해댔다. 내 몸은 무쇠인 줄 알다 정신을 차리니, 연로하고 편찮으신 부모님과 할머니라는 이름표가 반겨준다.

갈대밭은 절정의 황금빛을 발산하며 겨울을 마중하려고 한다. 찬란한 해넘이에 넋을 빼앗긴 호수는 팔색조 빛에 늦가을을 배웅하는 색으로 버무려진다. 마치 묵묵히 살아가는 사람들이 삶의 빛깔을 온몸으로 느끼도록 하는 열정 같다.

호수 둘레로 잘 닦인 자동차길 따라 숙박동이 줄지어 서서 나뭇잎을 잔뜩 뒤집어쓰고 있다. 빨간 단풍나무 이파리가 지붕과 안마당, 길에 레드카펫을 깔아 놓아 우리를 들뜨게 만든다. 갈대로 뒤덮인 길을 오르내리며 폐부 깊숙한 곳까지 청정한 공기를 받아들인다. 몸속에서 나의 심신을 맑혀줄 것이겠다.

바닷가 쪽으로 나오자 적당히 경사진 자락에 다닥다닥 달라붙은 집 사이가 좁다. 서정적 풍경의 포구와 예스러운 흔적들이 군데군데 남아 마음을 따뜻하게 해준다.

이십여 리 길을 걸어 제자리에 오니 호수는 어둠 속으로 들어가 숨어버렸다. 오래된 골목이 이어지는 길에는 가로등 불빛이 희미하다. 꼭 다시 오라는 듯 배웅을 한다. 바람이 찼지만 가을빛을 머금은 영랑호에서 가슴 따뜻한 하루를 빚은 날이다.

(2018년 창작수필)

언감생심, 닮고자 했던 사임당

오랜 기다림이었다. 눈앞의 일들과 씨름하느라 묵혀두었을 뿐 잊고 지낸 건 아니었다. 이번엔 꼭 신사임당 동상을 보고 와야겠다며 가슴 두근거리며 나선 길목엔 겹벚꽃이 분홍 깨끼옷을 입고 마중 나와 있다. 이팝나무도 단장을 끝내고 희고 맑은 웃음을 빚어 놓는다.

야트막한 동산이 어깨동무하며 겹쳐진 곳에 단아한 모습으로 앉아있는 신사임당은 언제나처럼 온화하게 맞아주신다. 하늘과 별과 바람이 드나드는 곳에 홀로 앉아서 지금껏 무슨 생각을 하고 계셨을까.

내 안에 꿈틀거리며 둥지를 틀기 시작한 현모양처의 꿈은 오십여 년 전 초등학교 담임선생님이 장래희망을 물어보던 그때쯤이었다. 한국전쟁으로 인해 모든 게 어수선하던 1960년대 초에 나는 지방의 초등학교를 다녔다. 교과서도 부족하던 때라 선생님의 말씀이 귀에 올올이 박혔다. 선생님께서는 나라를 빛낸 위인들과 신사임당 이야기를 들려주셨고, 여자는 특히 현모양처가 되라고 하셨다.

이율곡이라는 학자를 훌륭히 키워낸 신사임당을 본받아, 가정에서 육아를 잘하는 게 여자가 할 일이라고 강조하신 말씀에, '가랑비에 옷 젖듯이' 어느새 색감 짙게 물들고 있었다. 신사임당의 생애를 찬찬히 들여다보지도 않고 그분의 어떤 면을 내가 닮아야하는지도 모르면서 선생님의 말씀이니까 무조건 현모양처가 되겠다고 생각했다. 그렇게 시작한 나의 장래희망은 고등학생이 되어서도 한결같았다.

대학생이 되어 사물과 현상을 하나씩 뜯어보면서 과연 '현모와 양처로 나를 다듬어갈 수 있을까' 하는 남다른 고민을 하기도 했지만, 내 아이들은 나보다 나은 사람으로 기르고자 했다. 매무새도 반듯하며 성격도 좋고 생각도 바르고 하고자 하는 일을 제대로 할 수 있는 사람으로 자라길 바라며 현모에 대한 꿈을 지우지 않았다.

현모양처(賢母良妻)의 상징 인물로 여전히 추앙받고 있는 신사임당을 자세히 알게 된 건 강릉으로 전근 와서부터다. 신사임당은 검은 용이 바다에서 집으로 날아 들어오는 태몽을 꾸고 율곡 이이가 태어나 율곡의 어릴 적 이름은 현룡(玄龍), 산실(産室)

을 몽룡실(夢龍室)이라고 했다. 몽룡실 뒤곁에는 1400년경에 심고 사임당과 율곡이 직접 가꾸었다는 수령 600년의 천연기념물 제484호인 홍매(紅梅) 율곡매가 있다.

시와 문장 그리고 그림에 뛰어났던 사임당은 매화 그림을 즐겨 그렸으며, 첫째 딸의 이름도 매창(梅窓)으로 지을 만큼 매화를 사랑하였다고 했다. 북평의 외가에서 태어난 사임당은 일곱 살 무렵부터 스승도 없이 그림그리기를 시작하여, 화가 안견의 '몽유도원도' '적벽도' '청산백운도' 등의 산수화를 보면서 모방해 그렸고 특히 풀벌레와 포도를 그리는데 남다른 재주가 있었다. 사임당은 조선시대 으뜸가는 여성화가로 '초충도'는 타의 추종을 불허할 만큼 독보적이며, 율곡의 스승인 어숙권은 안견 다음가는 화가라고 했다. 강원도유형문화재인 '초충도(草蟲圖)'는 신사임당이 그린 8폭 유색 병풍으로 각 폭마다 각기 다른 초화와 벌레를 단정하면서도 품위를 지닌 색채감각으로 잘 표현해냈다.

몇 해 전, '초충도'와 나 사이에 오백년의 시간을 두고 진품과 마주할 때는 온몸이 전율에 휩싸이면서 망부석이 되는 줄 알았다.

사임당은 오죽헌에 살면서 시와 그림, 글씨 등을 그렸고, 열아홉 살에 이원수와 혼인하여 파주와 봉평과 강릉을 오가며 살다 서른셋에 오죽헌에서 율곡을 낳았고, 4남 3녀를 길렀으며 마흔여덟에 병을 얻어 세상을 떠났다고 했다.

미술사를 공부하면서 신사임당의 탁월한 예술성을 더 깊고 가깝게 만나게 되었다. 18세기 이전에는 여성의 활동과 지위가 미미하여 두각을 나타낸 사람이 없었는데, 세계적으로 뛰어난 3명의 여성 예술가 중 두 명이 허난설헌과 사임당이라는 것이었다. 이런 예술가를 탄생시킨 강릉에서 근무하는 행운을 내가 누리다는 것만으로도 정서의 허기에서 벗어나는 듯했다.

신사임당의 본명은 신인선이며 사임당은 당호인데, 사임당이라 지은 것은 중국 고대 주나라 문왕의 어머니가 뛰어난 부덕을 갖추었다는 태임(太任)을 본받는 뜻이 담겨 있다고 했다.

우리 역사에서 신사임당만큼 존경받은 여성이 있었을까. 최초로 고액권인 5만원 화폐 도안 인물로 선정되어 볼 때마다 그녀가 남긴 뜻을 되새기게 만든다. 율곡이 유학자들의 존경의 대상이 되자 사임당은 천재화가보다는 그를 낳아 기른 어머니로 칭송받았다. 현모양처 이전에 화가로서, 효녀로서 훌륭한 여성이었는데 남성 지식인들의 눈으로 바라 본 아내로서, 어머니로서의 삶이 더 부각되어 안타깝고 서운하기도 하다.

문득문득 장래희망이라는 말을 만날 때마다 언감생심, 현모양처 신사임당을 닮고자 했던 나를 되돌아본다. 나는 선생님의 말씀을 잘 듣는 학생이었을까, 미래의 희망을 설계할 줄 몰랐던 학생이었을까. 생각이 미래를 결정하는데 상황이 나빴다고는 하나 지금 생각해보면 부끄러움을 쉽게 지워낼 수가 없다.

실로 오랜만에 마주 바라보는 신사임당은 친정에 홀로 계신 어머니를 그리워하여 읊은 사친(思親) 한시(漢詩)를 읊조리고 계셨을까. 남편과 아이들을 생각하며 현모양처를 되뇌고 계셨을까. 아니면, 예술가로서 마음껏 펼쳐놓고 싶었던 끼를 발산하고 계셨을까.

정색을 하고 우러러봐도 사임당은 속내를 보여주질 않는다.

한창 개발 중인 신시가지의 투박하고 거친 덜 만듦의 미학이 못마땅한 건 아닐까. 당신이 그렸던 '초충도'는 마치 생동하는 듯 섬세한 사실화여서 풀벌레 그림을 마당에 내놓아 여름 볕에 말리려고 하면, 닭들이 몰려와서 산 풀벌레인 줄 알고 쪼아 종이가 뚫어질 뻔하기도 했다는 일화를 떠올리고 계셨을까.

철이 든다는 말은 자기가 서 있는 자리와 시간을 제대로 안다는 말이라고 하는데 나는 철이 들기는 했을까.

풍경들이 제 색깔로 옷을 갈아입으며 꽃들의 웃음소리가 따뜻하게 구도를 잡아놓을 때쯤, 신사임당을 닮고자 했던 초등학교 때 꿈을 데리고 오대산에 올라 별빛 샤워를 해야겠다.

(2013년 강릉여성문학)

엄마는 무슨 생각을 할까

짬만 나면 요양병원으로 엄마를 만나러 간다. 얼마 전 고관절 골절로 수술을 받고 재활 중인 엄마는 어떻게 왔냐고 한마디 하곤 뚫어져라 쳐다본다. 회복이 무척 더디지만 근력도 조금씩 나아지고 있다.

한여름 뙤약볕이 기승을 부리던 지난 7월 말, 아침부터 휴대전화가 울렸다. 샤워하는 동안 벨소리가 꽤 오랫동안 귀에 머물러 더럭 겁이 났다. 서둘러 전화를 받았다.

화장실에서 엄마가 쓰러지셨단다. 상황을 들으니 골절된 것 같아 인근 종합병원에서 검사를 먼저 한 후에 치료방향을 잡기로 했다. 이 또한 예견한 일이긴 했으나 현실이 되고 보니 나의 멀지 않은 미래를 보는 것 같아 마음이 착잡했다. 이제부터 결정할 일이 많다. 어느 병원에서 진찰을 받고 수술여부를 결정하며 간병을 어떻게 할지.

주로 진료를 받았던 서울아산병원의 치료 허락이 떨어질 때까지 기다리는 시간이 여삼추였다. 만약 안 되면, 그 다음은 어떻게 할지를 찾는 머릿속이 분주하다. 환자가 많은 전문종합병원은 앰뷸런스에서 환자가 응급의료센터에 내리지 못하고 근처의 종합병원으로 이송할 때가 많기 때문이다.

서둘러 병원으로 향하는 발걸음이 무거웠다. 5년 전, 비교적 초기에 인지장애를 발견해 치료 중인 엄마는 고관절 부위를 만지며 아프다고 슬픈 눈으로 애원한다.

고관절 골절로 입원결정을 받았으나 빈 병실이 없다. 내일 응급수술 예정이라 응급의료센터에서 여러 검사가 이어졌다. 수술을 위한 설명도 듣고, 보호자 당번도 정했다. 덩치 큰 안전요원들이 보호자의 출입통제를 철저히 하고 있다. 환자 한 명에 상주 보호자는 한 명이다.

큰 수술을 두 번이나 받은 엄마는 수술을 하지 않겠다며 아프지 않게 해달란다. '아픈 거 치료하자'고 다독이면 수긍한다. 두 눈에는 슬픔이 가득 고여 있다.

다음날 수술실로 들어갈 때까지 놓지 않으려던 엄마의 앙상한 손이 부서질 것만 같았다. 시부모를 봉양하고, 육남매를 낳아 기르느라 일생을 보낸 엄마의 인생이 온기를 잃은 손을 타고 파노라마로 펼쳐졌다.

어릴 적 우리 집은 한지공장을 운영해 많은 일꾼들이 붐볐다. 먹고 살기 어려웠던 때여서 기술을 배우려고 전국에서 모여들었다. 공장에 딸린 방에서 숙식하는 남자일꾼들의 식사는 온전히 엄마의 몫이라 허리를 펼 날이 없었다. 일은 고되고 식사량이 적은 엄마였다.

엄마가 사십년 전 자궁암 초기로 수술을 받을 때는 가세가 기울어진 후였다. 몇 년 후에는 대장암으로 큰 수술을 또 받았다. 다행히 더 이상의 전이는 없었다. 그 이후 수술공포증이 생긴 걸까.

큰 수술을 받지 않고 일생을 사는 사람은 얼마나 될까. 우리 집은 부모 슬하에 증손까지 30명이 넘는데 그중 수술을 받은 사람이 삼십 퍼센트나 된다. 누구나 살아가면서 우환이 많겠지만 갑자기 질병이 찾아올 때가 가장 답답하다.

오늘도 네 자매가 엄마에게 웃음꽃을 선물하느라 분주하다. 넉살 좋은 막내가 단연 으뜸이다. 활짝 웃는 엄마 얼굴에서 어릴 적 뛰어놀던 뒷동산 진달래가 피어난다. 그때의 추억들이 앞마당에서 신명나게 춤을 춘다. 이미 여러 번 들은 내용이지만 신난 표정으로 마중물을 붓는다. 엄마는 지금 무슨 생각을 할까.

쉬운 것도 물으면 "몰라" 하는 엄마의 모습이 천진난만하다. 이런 엄마의 뇌를 가끔 들여다보고 싶다. 그토록 총명하던 두뇌는 어디로 간 걸까. 골절 이후로 많은 기억을 더 놓아버렸다.

힘들었던 기억과 어린 시절에서 맴돌고 있는 엄마. 가슴이 아리다. 그래도 눈치를 보며 답을 맞히려 애쓰는 모습에 또 웃는다.

엄마는 일제강점기에 일본인 선생님과 나눈 따뜻함과 한국전쟁의 소용돌이에서 부모와 헤어져 동생과 단둘이 이리저리 휩쓸리던 피난길을 추억했다. 일꾼들이 북적이고 친척과 손님이 끊이질 않아 고단했던 삶도 이야기의 한 축이었다. 뇌졸중으로 집에서 3년간 와병한 시부, 성격이 괄괄한 시모의 봉양, 노년에야 경제력을 가져야 했던 옹색함 따위도 가끔 섞여 있었다.

그러나 자식 이야기를 할 때는 눈을 반짝거리며 생기가 돌았다. 육남매 모두 잘 자라줬다는 자랑이다. 엄마는 잠시 전의 기억을 잊으면서도, 이건 아마도 기억의 가장 끝자리까지 가지고 갈 것 같다. 자기애보다 모성애가 강한 걸까. 가끔 멍하니 의미 없는 눈빛을 보일 때가 있다. 엄마는 무슨 생각을 하는 걸까.

노인성 인지장애는 평균수명이 늘어나면서 가정문제를 넘어 사회문제가 되고 있다. 이는 기억력과 언어능력, 공간감각, 추상적 사고능력, 문제해결능력 등 지적 능력이 점차 감퇴되면서 진행된다. 정상적인 노화과정과는 엄연히 구별되는 질병으로, 뇌세포들이 하나둘씩 원인 모르게 죽어가면서 여러 가지 지적 능력의 감퇴가 나타난다. 인지장애는 예방이 중요하다. 고혈압, 당뇨병 등 성인병을 예방 치료하고, 꾸준한 운동으로 비만을 줄이며 머리를 많이 쓰고 많이 웃으며 밝게 살고, 미리미리 노후

대책을 마련해 적극적으로 살아야 한다.

아침저녁으로 제법 선선해졌다. 이제야 평온한 매일로 빠져나온 엄마의 하루도 저물고 있다. 지워져가는 기억 속에서나마 즐거웠던 일들만은 오래 머물기를 바랄 뿐이다.

(2018년 문학시대)

울컥 프로젝트

방안 가득한 매향을 가슴 깊이까지 들이키며 어젯밤 매화나무 밑에서 서성거리던 나와 마주한다. 늦은 귀가로 서둘던 나를 잡아끈 게 매향이었다.

8년 가깝게 자리를 함께하고 있는 독서모임인 동호당(東湖堂) 회원들을 만나러 그제 다녀온 강릉에서의 시간들이 담담하게 꽃물을 들인다. 늘 이른 봄이면 찾던 우리들이 숨겨둔 곳에서 홍매화, 청매화가 암향을 뽐내며 반갑게 맞아주었다.

온몸에 향기를 담아놓고 비틀거리는 나를 서울에서부터 안고 온 아침 햇살이 흔들어 깨운다. 동호당 책례시간에 맞춰 서지마을에 들어서니 매향이 먼저 벙글거리며 맞는다. 앞서거니 뒤서거니 약속 시간을 어기지 않은 회원들이 도도한 향기를 뿜고 있는 매화나무 앞에 다소곳이 모여들었다. 세 계절을 흘려보내고 맞은 책례일이라 반가움에 덥석 손부터 잡고는 매향 아래서 책례가 시작되었다. 왕언니가 살그머니 꽃봉오리 몇 개를 손에 쥐어준다.

반가움과 설렘을 버무려놓아 더 정갈한 식사를 마친 후에는 찻잔과 꽃차를 준비해 오신 왕언니가 살구꽃차와 매화꽃차로 다례를 이어갔다. 다담 사이로 꽃봉오리들이 찻잔 속에서 한 송이씩 서서히 쓰개치마를 벗어 내리며 속내를 보여준다.

서지마을 굴피집 마당을 서성이던 봄볕이 방안까지 고여 들고 있었다. 조곤조곤 마주앉았다가 흩어지는 매향과 적당한 무게를 거느리고 있는 책례의 진지함, 그리고 대나무 숲에서 두런거리던 바람까지 단정한 맵시로 곁에 와 앉는다. 갑자기 가슴 한가운데가 울컥하며 눈시울이 젖어들기 시작한다.

가만히 있질 못하는 성격 탓으로 서울에 와서도 자꾸 일을 벌인다. 궁금한 게 많은 탓도 있겠지만, 몸에 밴 서두름을 가라앉히는 재주가 없어서일지도 모르겠다. 지난주부터 시작한 학당 공부가 그것 중에 하나다. 무엇보다도 내용이 좋았고 오랜만에 듣는 '학당'이라는 말도 꽤 구미가 당겼다.

어제 강사가 '나는 울컥 프로젝트를 잘 한다'고 했다. 울컥하는 감성으로 논리적인 체계를 만들어 연구한다는 것이었다. 처음 들을 땐 웬 궤변인가 했는데 점차 강사의 말에 빠져들게 되었다. 그만큼 마음에 와 닿는 연구가 흥이 나고 몰입을 높인다는 것이었다. 인터넷의 발달과 고속 경제성장, 산업화로 연구결과물이 홍수처럼 쏟아져 나오는 요즘 연구자들한테는 시간이 생명이므로 몰입하여 성과를 내야한다는 것이다.

울컥, 울컥, 울컥….

이른 새벽에 강릉행 고속버스를 타려고 하니 버스 안에서 고성과 욕설이 뒤엉켜 소란스러웠다. 칠십대 어르신이 입에 담기 어려운 막말을 섞어가며 오십대 버스기사에게 일방적으로 날카로운 목소리로 퍼부어대고 있었다. 주변 사람들이 진정시키려고 해도 막무가내였다. 무슨 일이 있었던 걸까. 그 바람에 승객들은 차에 오르지도 못하고 앞에 나서지도 못하고 어정쩡하게 구경만 할 수밖에 없었다. 진정이 되지 않은 어르신은 기어코 버스기사를 끌어 내리고는 온몸으로 화를 내고 있다. 버스기사가 모기만 한 혼잣소리로 "어르신이 앞에 앉으시면 위험할 것 같아 드린 말씀이에요." 한다. 승객들은 자리에 올랐지만 어르신은 여전히 마음이 안 풀렸는지 구겨진 표정을 펴지 않고 구시렁거리며 울컥쇼를 진정하지 못한 채 강릉을 향해 고속버스는 출발했다.

봄이면 어김없이 찾아오는 황사 때문인가 가까운 곳도 시계가 흐리멍덩하다. 회색빛 아침 지근거리에서 개나리와 산수유의 노란 웃음소리가 들리는 것 같다. 고속버스는 그렇게 우울한 침묵을 싣고 서울을 빠져나가 강원도로 내달렸다.

휴게소에 들리자 버스기사가 어르신에게 말씀 좀 나누자고 하며 모시고 간다. 잠시 후에 도넛을 손에 들고 웃음 가득한 모습으로 버스에 오르는 어르신을 보니 오해는 풀었나 보다. 왜 그렇게 울컥해야만 했나. 혹시 불이익을 받을까봐 지레 화부터 낸 걸까. 어려웠던 시절에 차별 받았던 기억이 되살아나서일까. 아니면 떼부터 써야 선취한다고 생각해서일까. 또 다른 울컥은 조마조마한 아침을 만들고 있었다.

예나 지금이나 감성을 건드리는 영화나 일화를 만나면 나는 울컥을 잘한다. 가슴 시린 일들로 점철된 사람들의 인생을 만날 때면 여지없이 눈물을 쏟곤 한다. 고생고생하면서 아이들을 반듯하게 키워낸 뜨거운 모성이라던가, 질병과 사고로 생과 사를 오가면서도 삶의 희망을 놓지 않은 감동적인 이야기가 나를 울컥하게 한다. 수많은 어려움을 이겨내는 과정이 그렇고, 인간의 한계를 넘으려고 시도하는 스포츠 선수들을 만날 때도 그러하다. 유독 나만 눈물샘이 넘쳐나는 게 아닐까하여 부끄러울 때도 있다. 그래도 감정이 메마르지 않은 내가 좋다. 공감할 수 있는 내가 사랑스럽다. 이타심을 갖는 내가 더 근사하다. 가슴을 후비며 파도가 휘몰아치고 간 여운에 밤잠을 설쳐도 좋고, 작은 거라도 나누려고 하는 내가 좋다. 가끔은 이 울컥으로 감당하지 못할 일을 벌려놓고 끙끙대는 나도 그다지 나쁘진 않다. 그중 공부 욕심과 책 욕심이 그렇다.

다 읽을 거라며 사 들인 책들이 순서를 기다리게 할 때가 많지만, 그래도 어디서나 읽을거리가 많아서 좋을 때가 많다. 엉덩이를 붙이고 오랜 시간 읽지 못한다고 하더라도 말이다.

착슬독서(着膝讀書)를 강조한 사람은 이상정(李象靖, 1711~1781)이다. 붙을 착, 무릎 슬, 읽을 독, 글 서로, 말 그대로 무릎을 방바닥에 붙이고 엉덩이를 묵직하게 가라앉혀 책을 읽으라는 것이다. 대산(大山) 이상정은 경상북도 안동에서 숙종 때 출생하여 정조 5년에 사망한 조선 후기의 학자로 1735년(영조 11)에 사마시와 대과에 급제하여 가주서가 되었으나 곧 사직하고, 이후 두 차례 관직을 받았으나 그때마다 사직하고 사우들과 강론하고 제자 교육과 학문에 전념하였다. 그가 아들에게 보낸 편지에서 '모름지기 시간을 아껴 무릎을 딱 붙이고 글을 읽도록 해라. 의문이 나거든 선배에게 물어 완전히 이해하고 입에 붙도록 해서 가슴 속에 흐르게끔 해야 힘 얻을 곳이 있게 된다. 절대로 대충대충 지나치면서 책 읽었다는 이름만 얻으려 해서는 안 된다'고 했다.

또, 조종경(趙宗敬, 1495~1535)은 시 「우음(偶吟)」에서 '긴 세월 무릎 붙여 책상 절로 구멍 나니, 공부가 그제야 찰찰함을 깨닫겠네'라고 노래했다. 착슬독서의 중요성을 강조한 말이다. 시중에 책상에 구멍이 났다는 말은 후한(後漢)의 관영(管寧)이 요동

땅에 숨어 살며 50년간 나무 걸상 하나로 공부하자 나중에는 걸상에 무릎 닿는 부분이 깊숙이 패어 구멍이 났다는 고사라고 한다.

울컥해서 사들인 책이 올해도 꽤 된다. 공부는 엉덩이가 무거워야 하는 법이라고 한다. 노력을 하지 않고 운 탓만 하고 있을 수는 없다. 울컥해서 벌려놓은 것들을 착슬독서로 좋은 결과로 수확하길 기대해본다.

강릉에서 담담하게 꽃물을 들이던 시간들이 다시 가슴을 울컥하게 한다.

(2014년 창작수필)

프리다 칼로와 할미

"할미!"

가녀린 어린아이 소리가 열정적인 도슨트의 목소리 사이를 비집고 나왔다. 전시실을 꽉 메운 관객들은 멕시코 화가 프리다 칼로 작품 앞에서 도슨트의 설명에 매료되어 아이의 소리를 묻어버렸다.

"할미!"

여리게 한 번 더 울린 후에야 손녀가 찾는 것 같아 조심스레 소리 나는 방향으로 사람들을 헤치며 더디게 움직여갔다. 손녀는 어미 어깨에 얼굴을 기대고 초롱초롱한 눈빛으로 나를 부르고 있었다.

"이리 오렴."

두 팔을 벌리니 얼른 안긴다. 딸아이는 작품에 몰입되어 아기를 건네고도 눈을 작품에서 떼려고 하질 않는다. 대표작 중 하나인 '우주, 지구, 디에고, 나, 세뇨르 솔로틀의 사랑의 포옹(1949)'이었다. 이 작품은 자신과 남편을 각각 달과 해로 은유하여 눈길을 끈 작품이다.

전시실을 빠져나와 아이가 편안하게 잠을 청할 수 있는 곳을 찾아보았다. 메르스 공포가 전국을 강타했지만 이 전시회는 예외였다. 토요일은 오랜 봄 가뭄 끝에 모처럼 장대비가 내린 가운데도 많은 사람들이 관람했는데, 화창한 오늘은 엄청난 관람객이 왔다고 한다. 메르스 바이러스 때문에 어딜 가나 사람의 그림자가 드물었는데 여기는 그 반대였다.

사위 생일날 축하의 점심을 먹은 후 온가족이 프리다 칼로 전시회를 보러왔다. 고등학생 때부터 보고 싶은 전시회가 있으면 다녀오곤 한 나의 영향일까. 아이들은 결혼을 한 후에도 짬을 내어 전시회를 드나들고 있다. 이제는 며느리나 사위가 먼저 전시회를 가자며 청한다. 손녀는 태어나 목을 가누고부터 유모차를 타고 전시회를 다녔으니 최연소 관람객이다.

외할머니가 된 건 1년 반쯤 전이다. 아이들이 각자 제짝을 찾아 둥지를 틀고 오순도순 살더니 작년에 외손녀가 태어났다. 직장에 다니는 딸에게 일이 생기면 친할머니와 내가 번갈아가면서 간간이 아기를 돌보았다. 돌이 지난 어느 날부터 조그만 입으로 시작한 '할미'가 나의 또 다른 호칭이 되었다. 빠르게 성장하는 아기를 지켜보면서 생명의 경이로움에 빠졌다. 세상 모든 것에 호기심을 보이며 습득해가는 아이의 성장은 기쁨 그 자체였다.

아이는 내 품에서도 쉽게 잠들기가 어려워 뒤척인다. 조용해야 잠을 자는데 크지 않은 미술관에 발 디딜 틈 없이 입장한 관람객들로 편안하지 않은가 보다. 품에 안겨서도 사람의 물결을 타고 있는 아기를 데리고 서둘러 미술관을 나왔지만 한 번 방해받은 잠은 쉽게 들질 못했다. 이리저리 차창 너머 풍경을 바라보는 아이의 눈에 하늘이 들어왔다 나가고, 조각 작품이 들어왔다 나간다.

"아가야! 이제 코~~ 자자!"며 포근하게 안아줬더니 슬그머니 꿈나라 여행을 시작한다.

"역시 엄마는 능력자야!"

오늘 관람객이 이천 명을 훨씬 넘어서 도슨트 설명도 취소했다는 기사를 다음날 읽으면서 아이의 잠들 수 없었던 오후가 새삼 떠올랐다.

칼로를 처음 알게 된 건 몇 년 전 서점에서였다. 여섯 살에 소아마비를 앓아 다리가 불편했던 칼로는 엄청난 고통과 싸우며 마침내 자기 힘으로 걷는데 성공했다. 장차 의사가 되려고 멕시코 최고의 교육기관인 에스쿠엘라 국립 예비학교에 다닐 때 학교강당에 벽화를 그리러 온 리베라를 처음 보았다. 리베라는 멕시코와 혁명을 대표하는 미술가로 분방한 여성편력과 돌발적이고 기괴한 행동으로 식인귀라고 불렸다.

칼로는 18살 하굣길에 버스와 전차가 부딪힌 교통사고로 치명상을 입었다. 옆구리를 뚫고 들어간 강철봉이 척추와 골반을 관통했고, 소아마비로 불편했던 오른발은 짓이겨졌다. 전신 깁스를 한 채 꼬박 9개월간 침대에 누워 있었던 칼로는 이 사고를 '다친 것이 아니라 부서졌다'고 했다. 척추 수술 일곱 번을 포함해 서른두 번의 수술을 받았다.

"내 인생에는 전차 사고와 디에고라는 두 번의 대형사고가 있었다."고 한 칼로는 스물한 살 연상인 디에고 리베라와 결혼하여 죽도록 사랑했지만, 디에고는 타고난 바람둥이였다. 칼로는 육체적 고통과 정신적 힘겨움에도 굴하지 않고, 고통과 그것을 이겨내는 모습을 그림으로 표현한 20세기 대표적인 멕시코 화가였다.

책을 처음 접한 그때의 그 전율이 아직도 내게 전해진다. 대단한 예술가를 만난 흥분이 오랫동안 나와 더불어 숨을 쉬고 있었다. 간절한 열망에 휩싸여 소식이 들리자마자 꼭 보고 싶었던 전시회는 '프리다 칼로- 절망에서 피어난 천재화가'였다.

"할미!"

칼로의 작품과 눈빛교환을 하면서 처음 이 소리를 들었을 때는 어느 집의 아기소리려니 했다. 귀에 익은 소리에 고개를 돌렸지만 어디서 들려오는지 가늠이 안됐다. 뒤이어 들려오는 '할미' 소리에 정신이 번쩍 들면서 작품설명보다 몸이 먼저 소리 나는 방향으로 가고 있었다. 이건 본능인가. 여러 겹으로 층을 만든 사람들을 비집고 들어갔는데, 딸은 아기를 어깨에 안은 채 도슨트의 작품설명에 몰입해 있었다. 아들 내외와 사위는 어디에 있는지 사람 숲속에서 찾을 수가 없다.

"나의 평생 소원은 단 세 가지, 디에고와 함께 사는 것, 그림을 계속 그리는 것, 혁명가가 되는 것"이라는 칼로의 말이 명료하게 들어왔다. 끔찍한 고통 속에서 그림을 그리며 예술로 승화시켰다. 열정과 생명력 가득한 그림, 특히 자화상을 많이 그렸다.

마지막 작품은 강렬한 붉은색의 수박과 그 속에 또 다른 생명을 상징하는 씨앗을 담았다. 수박의 붉은 속살에는 'VIVA LA VIDA(삶이여, 만세)'라고 써 넣으며, 삶의 마지막 순간에도 그림을 통해 강인한 의지를 보여줬다.

일생을 살면서 평탄하기만 한 삶은 없을 것이다. 원치 않은 일과 끊임없이 직면하면서 헤쳐 나가는 게 보통 사람의 삶일 것이다. 수많은 난관을 승화시켜 인생을 완성해 가는 것이 인생이라고 생각한다. 칼로의 인생을 음미하면서 이제 자신의 인생을 시작하는 손녀가 신념과 의지로 진솔하게 자신의 인생을 완성해 나가길 바란다.

'VIVA LA VIDA(삶이여, 만세)'

(2015년 강원여성문학)

인왕산 자락의 시간을 들추며

드디어 인왕산 성곽길 구간만 밟으면 '한양도성 순성길'에 마침표를 찍는다. 가을부터 한양도성의 성곽길을 따라 돌아보고 있다.

첫날은 대한민국 국보 제1호인 숭례문에서 시작했다. 정동길을 거쳐 경교장과 딜쿠사, 그리고 행촌동의 유래가 된 행주대첩의 권율장군 집터에서 오백 년 된 은행나무를 만났다. 인왕산 성곽길을 따라 선바위까지 오르니, 해넘이를 시작하면서 다음에 오라고 귀뜸을 해 부랴부랴 하산을 하였다.

그다음에는 북촌을 둘러보고 와룡공원에서 숙정문과 북악산 정상을 밟고 창의문으로 내려와 백사실계곡을 들렀다. 어떤 날은 와룡공원에서 혜화문, 낙산을 거쳐 흥인지문까지 걷기도 하였다. 그리고 흥인지문에서 장충단공원을 들러 남산 성곽길도 걸었다. 드디어 오늘은 한양도성 순성길의 원을 맞추려고 북악산 높이의 인왕산 성곽길을 향해 길을 나섰다.

십일월부터 찾아온 한파도 우리를 피해 지나갔다. 우리가 주로 걷는 목요일에는 온기가 가득했다. 이번엔 부득이한 사정으로 월요일이다. 인왕산 구간만 남겨놓으면서 지금껏 주초의 한파를 용케 피했다며 함박웃음을 터트렸다. 모처럼 잡은 날인데 섣달 한파가 닥치거나 날씨가 궂으면 궁궐을 다녀보자고 했던 터인데 오늘도 초가을처럼 따뜻하다. 마음은 벌써 열기구를 타고 인왕산 성곽길을 오르고 있다.

경복궁역을 빠져나오는데 무언가 발바닥에 덜렁거리는 소리가 들린다. 그 소리를 따라 쳐다보니, 아뿔싸 등산화 발바닥이 분리되고 있다. 어이없는 돌출상황에 동생과 마주보고 한참 웃었다. 난감해 하자 동생은 순간접촉제가 답이라며 문구점으로 이끈다. 바르고 붙이길 몇 차례, 한 번 입을 벌린 발바닥은 좀처럼 오므리려 하질 않는다. 붙이면 떨어지고 부서져 내리는 걸 보던 문구점 주인이 굵은 고무줄로 묶으란다. 마치 큰 짚신을 신을 때처럼 고무줄로 묶은 발바닥은 시한폭탄이나 진배없다. 덜렁거리던 바닥이 붙어있기는 한데 걸을 때마다 발바닥 가장가리가 부서져 내린다.

조금 늦게 도착한 큰동생이 어처구니없는 이 광경을 보고는 "이건 버리고 운동화를 새로 사자. 안 신다가 신으면 이렇게 돼." 한다. 인왕산을 오른다고 트레킹화 대신 바닥이 더 좋은 등산화를 신고 온 것이 화근이 됐다. 사람이나 물건이나 가까이 두고 늘 즐겨야 하는데… 어이없는 웃음을 날리며 통인시장을 찾았다. 새 운동화를 신고 나니, 미세먼지로 희뿌연 시야를 헤치며 해가 한낮으로 달려가고 있다.

창의문에서 시인의 언덕과 청운공원을 들러 성곽길로 진입하려는데 입산금지라며 막는다. 월요일엔 백악산 구간만 금지인 줄 알았는데… 아쉬움 짙은 발걸음을 인왕산 자드락길로 돌렸다. 자드락길은 낙엽을 수북하게 뿌려놓고 걸음을 포근히 맞아준다. 오르락내리락 숲속 나무계단과 덕석 길을 따라 새소리를 들으며 숲속의 교향곡에 흠뻑 취했다. 잎을 떨어트린 나뭇가지 사이로 서촌과 경복궁, 남산이 시야를 가득 채운다.

곳곳의 등산로는 출입금지인데 석굴암 가는 길만 허락을 한다. 이참에 몇몇 사람들과 가파른 경사의 계단을 따라 걸음을 옮겼다. 제철을 잊은 개나리, 철쭉이 꽃을 피워놓고 맞이준다. 서울성곽 근처까지 올라가서야 코끼리바위, 치마바위, 닭바위에 둘러싸인 석굴암을 만났다. 큰 바위와 바위틈의 굴 안에 법당이 있다. 산신각 부조의 호랑이가 칠성할아버지 곁에 넙죽 앉아 눈맞춤을 해준다. 미륵전 가는 길로 들어서니 바위에 시계가 박혀 있다. 이곳에서는 시간을 붙잡지 말고 산세에 파묻히면 더 좋으련만….

자드락길을 따라 계곡을 끼고 내려오니 꼭 가보리라 마음먹던 수성동계곡이 나왔다. 그림 속 풍경이 문화재로 지정된, 조선시대에 물소리가 유명한 계곡, 수성동(水聲洞)이다.

이 계곡을 처음 만난 건 아주 오래전 전시회에서였다. 겸재 정선의 붓끝에서 노닐던 그날 이후로 유독 수성동계곡이 뇌리에 오랫동안 칩거를 하고 있다. 그러다 미술사 강의를 들으면서 더욱 이곳에 오고 싶었는데 이제야 만났다. 이렇게 고즈넉한 계곡이 있다니, 인왕산을 받치고 있는 모습이 호연지기를 불러들인다. 겸재 정선의 '장동팔경첩(壯洞八景帖)'에 등장하는 '수성동' 계곡이 조선시대와 똑같은 모습으로 자리하고 있다.

계곡 초입의 기린교는 겸재의 그림과 흡사했다. 그림에는 계곡이 가로놓인 긴 돌다리를 막 건너온 듯한 선비 세 명이 안내를 받고 있다. 옛 모습을 간직한 기린교(麒麟橋)는 장대석 두 개를 붙여 만든 좁은 다리로 수백 년 그 자리를 버텨온 시간을 담았다. 다소 위험한 절벽에 통돌로 놓인 기린교는 펜스를 쳐놓아 건너볼 수는 없었다.

초겨울 계곡은 황금빛 갈대를 여기저기에 수북하게 모아놓고 인왕산 초입의 한파를 달래고 있다. 계곡물은 말랐지만 기린교 밑의 맑고 깨끗한 웅덩이는 쪽빛 하늘을 담고 피라미들이 신선인 듯 헤엄치며 놀고 있다. 장맛비 내린 뒤의 풍성한 계곡물소리가 귀에 머문다. 물소리가 유명한 계곡일 수밖에 없는 이곳을, 물이 풍성할 때 다시 와 사모정에 앉아 시 한 수 읊어야겠다. 시서화로 화답하며 지낸 겸재와 이병연의 우정이 시샘하도록 말이다.

인왕산을 바라보니 '인왕제색도(仁旺霽色圖)'가 따라 든다. 비에 젖은 인왕산 바위의 인상을 그린, 일기변화에 대한 뛰어난 감각 표출과 실경의 인상적인 순간포착이 빼어난 겸재의 작품이다. 겸재는 육십년 친구의 임종을 앞두고 가눌 수 없는 비통함을 붓으로 눌러가며 그렸다고 한다. 진경시의 거장 이병연이 물안개가 피어올라 개어가는 인왕산처럼, 하루빨리 병석에서 일어나길 염원했다. 우정을 담아낸 화폭에서 시간을 들춰보니, 지기를 향한 절절한 마음이 인왕산 풍경으로 완성되어 눈앞에 펼쳐진다.

또 이곳은 안평대군이 별장 비해당에서 풍류를 즐기며 '비해당사십팔영시(匪懈堂四十八詠詩)'를, 추사 김정희는 '수성동 우중에 폭포를 구경하다'라는 시를 지었단다. 특히 서촌은 조선후기 중인층 중심의 위항문학(委巷文學)의 주 무대였으니, 빼어난 풍광에서 예술이 번성하게 되는 건 동서고금의 진리인가 보다.

인왕산 시간의 자락을 들추어 안평대군이 거닐던 그때로 돌아가, 겸재의 붓끝을 적시던 시간을 따라가 보고 싶다. 오랜 비가 만들어낸 폭포 줄기가 물안개에 묻힌, 맑고 청아한 물소리가 들리는 계곡에서, 비가 오면 우레소리와 산안개가 몸을 감싸 장관이었을 그 시간으로.

(2017년 문학시대)

장미색 비강진(薔薇色 粃糠疹)

아침에 붉은 반점이 좀 수그러들었나 보려고 몸을 살피다 더럭 무서움이 밀려왔다. 처음엔 눈을 의심했다.

'아니, 이게 무슨 일이지?'

반점이 몸통과 허벅지에 확 퍼져 있고, 어제까지 보이지 않던 인설이 반점 안에 똬리를 틀고 있다.

피부과 의사는 '장미색 비강진'이란다. 무슨 소리인지 몰라 되물으니 메모지에 적어 준다.

"이건 전염되지 않고 여자에게 많이 발병합니다. 인터넷을 찾아보면 나와 있습니다. 술 먹지 말고, 사우나 가지 말고, 절대로 때 밀면 안 됩니다."

간단명료한 설명을 들으니 걱정이 조금 줄어든다. 반점이 처음 나타난 건 새해가 밝자마자. 처음엔 살짝 부딪힌 타박상처럼 허리선을 따라 하복부에 불그스름한 반점이 네댓 개 보였다. 피부가 예민하여 유분이 많은 크림을 바르면 가끔 트러블이 있기는 했으나 이런 일은 없었다. 희한하게도 붉은 기운만 도는 연지를 찍은 것 같다. 특별히 열이 나거나 가렵지 않아 징조도 못 느꼈다.

그날도 가족모임을 하고 아들, 딸네가 가고 나서야 발견했다. 처음에는 대수롭지 않게 이러다 말겠지 싶어 무시했는데, 하루하루 지나면서 분홍빛 반점은 차츰 수를 늘리고 면적을 넓혔다. 몸을 구석구석 살피는 편이 아니어서 샤워할 때마다 보니 반점 수가 줄지 않고 한두 개씩 늘어났다. 그렇다고 신경 쓰일 만한 증상도 없으니 내버려두었다.

환부가 옷으로 덮여 있고 '여기 있다'고 신호를 보내지 않으니 무심하게 날짜를 넘겼다. 반점이 생긴 지 일주일이 지나도 나아지는 기색이 없자 머릿속이 분주해졌다. '뭘까? 단순한 뾰두라지 같진 않은데…. 어디서 옮은 접촉성 피부염인가, 시간이 지나면 낫긴 할까. 무심하다가 치료시기를 놓치는 건 아닐까' 이런저런 생각이 잠깐씩 들었지만 계획한 일정부터 소화했다.

그런데 이틀 전부터 자고나면 전날보다 반점의 수와 면적이 배로 늘어났다. 가슴부터 허벅지까지, 처음 반점이 있던 곳은 인설이 생기고, 팔뚝까지 붉은 반점이 나타난 걸 보고는 겁이 나 부랴부랴 병원을 찾았다.

약을 받아들고 인터넷 검색을 했다. '처음엔 한 개의 타원형 반점이 생긴 후 특징적인 전신발진이 생겼다가, 2개월 내 사라지는 원인불명의 급성 홍반성 피부질환. 분홍색 동전 모양의 반점이 먼저 생긴 후, 1~2주 뒤 몸통에 광범위한 인설(살비듬)성 발진이 있고, 4~10주 후에 자연 소실되는 질환. 주로 15~40세 여자에게 많고 봄, 가을에 자주 발생하는 인간 헤르페스 바이러스의 재활성화와 관련된 발진'이란다.

왜 이런 게 찾아온 걸까. 의사가 제일 먼저 "요새 무리한 일 있으세요?" 했다. 요즘은 피곤할 정도의 일을 만들지 않는데, 노화가 자꾸 잡아당기며 신호를 보내는 건가. 별반 무리한 일도 없이 한포진이 오더니, 이석증이 뒤통수를 쳐 정신을 번쩍 나게 해주었고, 이제는 장미색 비강진이다.

어쩌다 자가면역기능이 떨어졌나. 크리스마스트리 모양의 등 발진이 특징이라는데 아직까지 등은 멀쩡했다. 몸통에서 사지로 퍼져나가고, 얼굴이나 햇빛 노출부위, 손·발바닥에 나타나는 경우는 드물단다. 그 과정 그대로, 다소 가려웠으나 견딜만하고 다른 증상은 없다.

제대로 빨리 치료효과를 보려고 처방대로 실행했다. 그런데 약을 먹고 나면 나른해지면서 쉬라고 한다. 그 덕에 약을 먹은 뒤로는 잠을 많이 잔다. 빛과 그림자가 앞뒷면이듯 숙면과 불면도 한 몸인가 보다. 불면은 문지방을 넘어오지 못하고 문밖에서 서성대고 있다.

그러고 보면 항상 머피의 법칙이나 샐리의 법칙만 있는 것도 아니다. 밝음과 어둠이 함께이듯, 좋은 일과 안 좋은 일도 동체이다. 지금 나쁘다고 희망을 버리지 말아야 하고, 좋다고 항상 좋은 일만 있지 않으니까. 좋을 때는 내려올 걸 생각하며 살아가야 한다.

그나저나 참 좋은 세상이다. 의사도 자세한 설명보다 인터넷에 다 나와 있다고 한다. 그런데 인터넷을 찾다보면 어느 것이 더 진실에 가까운지 혼란스러울 때가 있다. 정확한 정보도 있지만 이게 맞는 건가 싶을 때도 있다. 이번에도 여러 곳의 설명을 보면서 정확한 정보를 잘 골라 봐야겠다고 생각했다. 엉뚱한 글로 왜곡되게 받아들일 수 있기 십상이다.

뇌과학자의 '탈진실(post-truth)' 이야기가 떠오른다. 500년 전 최첨단 발명품인 구텐베르크의 인쇄기술로 세상을 바꿔놓은 마르틴 루터 이야기다. 루터는 1517년 독일 비텐베르크성당 문에 유명한 '95개 논제'를 걸어 놓는다. 많은 사람이 동의하고 분노하던 내용이다. '가난하고 약한 자의 편이었던 예수님, 그런데 왜 로마 가톨릭교회는 최고의 부와 권력을 가지고 있는 것일까? 복음은 누구나 하나님을 믿으면 구원받을 수 있다 했는데, 왜 교회는 돈을 받고 구원을 파는 것인가?'

1439년 구텐베르크는 유럽에서 첫 금속활자를 발명했다. 이

인쇄술 덕에 루터의 글들은 저렴하고 빠르게 복사되어 읽혔다. 동시에 거짓과 프로파간다 역시 구텐베르크의 첨단기술을 통해 걷잡을 수없이 퍼져나갔다. 불평등과 부패를 극복하려던 루터의 종교개혁은 결국 백년 넘는 유럽의 종교전쟁과 학살로 탈바꿈했다.

어떨 때는 좋은 의도로 시작한 일이 유언비어가 되어 증오와 의심이 산불같이 번지기도 한다. 게다가 요즘은 정보의 홍수 속에서 살아간다. 인터넷뿐만 아니라 각종 매체도 일명 악마의 편집으로 어느 것이 사실인지 판단이 서지 않을 때가 있다.

지난해 마크 저커버그는 '잘못된 정보에 대한 페이스북의 대응'에 관한 글을 남겼다. '페이스북은 분명히 공공담론 형성에 한 부분을 차지하고, 뉴스 유통에 책임감을 느껴' 가짜 뉴스와의 전쟁을 선포했다. 미국대선 과정에서 페이스북을 통해 유포된 가짜 뉴스가 여론을 호도했다는 비판에 대한 대응일 것이다. 이렇듯 여러 곳에서 거짓 정보 습격에 골머리를 앓고 있다. 양날의 검이다.

이러한 문제는 동서고금에 있어왔다. 종교개혁보다 오늘날 편집된 정보는 세상을 파괴할 수 있는 잠재력이 더 클 수 있다. 거짓 정보를 걸러낼 힘은 어떻게 가질 수 있을까.

면역체계가 약화된 틈을 비집고 홀연히 나타난 장미색 비강진이 내게 시사하는 바는 무엇일까. 신체활동이 부족하다는 걸까, 섭생이 조화롭지 않다는 걸까. 어쨌든 살아온 시간의 결과로 불균형이 찾아온 것이다. 그러니 꾸준한 투약 및 운동과 균형 잡힌 섭생을 통해 면역체계 강화활동을 제대로 하여 회복을 꾀해야 하겠다. 그런데 하필 장미색 비강진이 찾아온 게 혹여 장밋빛 여성성의 상실은 아닐까.

(2018년 문학시대 동인사화집)

첫눈 온 날

첫눈이 펑펑 내린다. 앞이 안 보일 정도로 쏟아 부어 두렵기까지 하다. 예보는 1~3센티미터였는데 눈은 이미 천지를 하얗게 만들고 차들은 거북이 걸음이다.

대설주의보까지 내려진다. 첫눈 대설주의보가 37년 만이라는 소식은 빡빡하던 하루 일정을 갑자기 정지시키고 내게 많은 시간을 선물로 안겨준다. 낮이 되자 점점 서재 너머로 밝은 기운이 몰려오며 눈도 그치고 점차 기온도 영상으로 오른다.

오후에는 나무들이 눈옷을 털어내기 시작했다. 이때부터 또 고민이 시작된다. '가 볼까? 아니야 미끄러울 거야! 내일 가야지, 낙상이라도 하면 어쩔 거야.'

요즘 두세 시간의 여유가 생기면 일자산을 오른다. 서울과 하남의 경계를 이루는 그야말로 일자로 된 동네 뒷산이다. 강릉에 전근 가기 전에는 어쩌다 한 번씩 이 산을 올랐다. 강릉과 청주를 다니면서부터는 그다지 여유가 생기지 않아 집에서 먼 바라기만 하던 산이었다.

이태 전부터 면역력이 떨어지며 몸이 자기를 먼저 돌봐달라고 투정을 부리던 차에 마침 학교도 퇴직하면서 틈만 나면 이 산을 오르내리고 있다.

처음 일자산을 오를 때는 숨이 차고 맥박이 하도 뛰어 몇 걸음 걷질 못하고 쉬곤 했다. 생각한 목적지까지 2시간 반 걸려 도착했다. 운동을 안 하고 살아온 몸이 준 성적표였다. 산에는 많은 사람들이 운동기구에서 저마다 필요한 운동을 하며, 산등성이 길도 남녀노소 없이 걷고 있다. 나만 이제야 엉금엉금하며 온 것 같아 한없이 부끄러웠다.

그날 이후 다른 일보다 앞서는 게 일자산 다녀오기다. 하루하루 다니면서 여러 갈래로 나뉜 길도 가보며 규칙성을 찾기도 했다. 지금은 산 입구까지 천보, 숲속길로 올라 산 정상에 가면 이천보, 그 다음 삼 천보, 사 천보, 오 천보 시점까지 찾고, 쉬는 곳도 정해 놓았다. 이제는 반환점까지 쉬지 않고 50분에 5천보를 간다. 능선이 약간 오르내려 내가 걷기엔 안성맞춤이다.

그러니 오늘 같은 날, 게으름을 피우는 것은 일자산에 대한 예의가 아니다. 단단히 무장을 하고 집을 나선다. 눈 밟는 느낌이 발바닥을 타고 올라와 온몸으로 기분 좋게 퍼진다. 눈발이 하늘거리며 파란 하늘을 수놓는다. 작은 바람결에도 나뭇가지에 쉬던 눈송이가 춤을 춘다. 산에 오르지 않았으면 보지 못할 풍경이다.

응달인 등산로 입구가 또 망설이게 만든다. 머뭇거리는 내 안에서 속삭임이 들려왔다.

'가 보는 데까지 가다 정 안되면 내려오면 되잖아. 어머니가 두 번 넘어져 수술 받으시는 걸 보더니 겁쟁이가 됐구나!'

육년 전 넘어진 어머니는 대퇴부골절상을 입었다. 그게 인지장애의 시작이었다. 살림을 놓아버린 어머니는 투약으로도 나아지질 않고 서서히 나빠져 갔다. 다시 넘어져 대퇴골 복합골절이 된 게 작년 여름이다. 그 뒤 점점 인지장애가 더 진행되었다.

어머니를 떠올리며 이렇게 망설이는 것도 실은 내 몸에 자신감을 잃고 나서부터다. 얼마 전에는 이 길 저 길을 찾으며 걷다 아무도 없는 경사가 급한 내리막길에서 엉덩방아를 찧고 미끄러졌다. 아파서 일어서질 못해 쩔쩔매다 겨우 일어났다. 그 일이 떠오르며 입구에서 우물쭈물하게 되었다.

그래도 용기를 내어 발걸음을 내딛는다. 눈 쌓인 길로 골라 딛다보니 그런대로 걸을 만하다. 비틀거리며 쉬엄쉬엄 올라간다. 눈을 길에다 붙잡아두고 코를 박다시피 하며 발걸음을 옮긴다.

한참을 그렇게 걷다 문득 고개를 드니 정지용 시 「호수」가 반갑게 맞아준다.

얼굴 하나야
손바닥 둘로
폭 가리지만,

보고 싶은 마음
호수만 하니
눈 감을밖에.

사무치게 그리워하는 시인의 마음이 내게도 고스란히 전해진다. 잠시 나도 눈을 감고 그리운 이들의 얼굴을 떠올려 본다.

오를 땐 혼자였던 첫눈 내린 겨울산길을 그리운 이들과 함께 내려온다.

(2019년 문학시대)

톨스토이의 즐거운 놀이

레프 톨스토이는 '노는 즐거움보다 공부하는 즐거움이 더 크다. 일 때문에 바쁘다고 하면서 노는 일은 무엇이 되었든 거절하고는 그것을 자랑스러워하는 사람들이 있다. 그러나 즐거운 놀이는 많은 일을 하는 것보다 더 필요하며 중요하기까지 하다'고 『인생에서 공부가 필요한 순간』에서 말한다. 특히 이 책은 톨스토이가 74세 때 폐렴과 장티푸스로 몇 달간 사경을 헤매다 기적처럼 목숨을 건진 후 발간했단다. 건강의 중요성을 이제야 몸으로 깨닫는 내게는 꼭 필요한 말이다.

정유년 새해가 되었다. 그동안 새해가 되면 늘 업무계획 외에 개인적으로 이루고 싶은 걸 세우고 실천했다. 보통 두서너 개를 세우는 데 예를 들면, 인문학 책 스무 권 읽기, 영화 스무 편 보기, 골프 80점대 점수 유지하기, 등산 열두 번 하기 등으로, 심신에게 영양소를 골고루 주도록 했다. 서울의 가족과 강릉의 직장에 신경을 써야했기에 주말에 강릉과 서울을 오가는 내게는 몹시 빽빽한 일정이었다. 강철 체력이 아니라 가끔씩 꾀가 났지만 무리 없이 소화했다.

그런데 늦게 공부를 시작하고 대학교에 취업하면서 리듬이 깨졌다. 컴퓨터로 작업하는 시간이 압도적으로 많아졌기 때문이다. 체중이 늘어나고 근력도 약해졌지만 눈앞의 일을 해결해야 했다. 그렇게 사 년을 보냈더니 이제는 더 이상 못 참겠다며 몸이 반기를 든다. 최근 들어 자꾸 쉬라고 채근을 한다. 더 외면하면 안 되겠어서 올해는 예전과 다르게 '즐겁게 놀자'로 했다. 그러나 노는 것도 놀아본 사람이 할 수 있고, 더 어려운 게 잘 노는 것이라는 걸 깨닫고 있는 중이다.

열심히 노는 방법으로 이곳저곳을 다니고 있다. 오늘은 강변도로를 달릴 때면 개나리 숲으로 울창한 응봉산과 둘째동생이 못 가봤다는 서울숲이 목적지다.

지도를 보니 큰 매봉인 대현산공원을 지나 응봉산으로 가면 되겠어서 행당역에서 만났다. 대현산공원이 해발 119.2미터로 나와 있어 꽤 높은 산일 줄 알았는데, 전철역이 높은 곳에 있어서인지 쉽게 올랐다. 뒤뜰이라며 앞서 걷는 동생들이 실망을 했다. 그래도 잘 조성된 숲길을 따라 여기저기 둘러보았다.

선비들의 학습을 위한 동호독서당(東湖讀書堂)공원을 거쳐 응봉산 가는 길은 깎아지른 절벽에 벼랑길을 만들어 놓았다. 응봉산정에 오르니 사통팔달 서울 길들이 질서정연하게 뚫려 왁자지껄한 흐름을 이어간다. 남산, 구룡산, 우면산, 대모산, 청계산, 관악산에 잠실의 초고층 빌딩, 동호대교, 성수대교, 영동대교, 청담대교가 눈에 담긴다. 중랑천 물길도 용비교를 지나 두모교에서 강원도에서부터 지고 온 물을 한강에 내려놓는다. 은빛 비늘이 쉼 없이 반짝인다. 봄기운을 실은 바람이 따스한 손길로 얼굴을 매만진다. 개나리도 노란 얼굴을 내밀려고 기지개를 켠다. 아직 설날이 오려면 열흘 이상 남았는데 봄기운이 완연하다.

이름이 왜 응봉산(鷹峯山)일까. 대현산공원이 있는 곳을 큰 매봉, 응봉산은 작은 매봉이란다. 봄철에 개나리꽃이 온 산을 다 덮어버리는 돌산인 응봉산은, 옛날에 임금이 이곳에 매를 놓아 사냥을 하였던 데서 유래되어 큰 매봉, 작은 매봉이라 했단다. 주택가에 우뚝 솟은 응봉산 봉우리는 사방팔방 풍광이 매우 아름다웠다.

서울숲이 있는 뚝섬이 발아래 펼쳐져 있다. 중랑천 하류의 뚝섬은 물결에 떠내려 온 모래가 쌓여 섬이라 불렸고, 조선 초기에는 꿩과 토끼가 많았단다. 임금이 사냥할 때 뚝섬에서 나부꼈을 큰 깃발을 생각하니 웅장한 전경이 눈앞에 펼쳐진다.

계단으로 내려오면 응봉역이다. 주민들은 매일 이 가파른 길을 오르내리며 건강한 삶을 이어가고 있다. 응봉역 굴다리로 나와 중랑천변 공원의 반가운 인사를 받는다. 잘 정비된 길을 따라 한강의 바람과 중랑천 물소리를 귀에 담으며 걷는다. 빛바랜 억새가 물기 젖은 바람을 불러 세운다. 간혹 메마른 손을 비벼대며 이야기를 건넨다. 삼삼오오 걷는 사람도 있지만 혼자 걷는 사람도 많다. 건강을 챙기며 열심히 살아가는 모습에 슬그머니 내 부끄럼이 고개를 든다.

중랑천을 가로지른 다리를 건넜다. 팻말이 촘촘히 서서 자기도 봐달라고 눈짓을 한다. 살곶이다리, 입석포, 두뭇개 등 정겨운 이름이다. 이제는 누구도 불러주지 않고 찾아주는 사람이 적은 곳일 것 같다.

새떼가 중랑천 위로 드러난 돌마다 빼곡하게 서서 서로 보듬기도 하고, 자맥질 하면서 오후의 시간을 즐기고 있다. 동생들이 새 이름 맞추기 경연을 펼쳤다. 흰색 두루미, 개똥지빠귀, 쇠기러기, 오리 등 들어보지도 못한 생소한 이름들이 기억 속을 흔들어놓는다. 언제 이렇게 초목과 동물의 척척박사가 되었나. 나무 이름 맞추기 경연은 만날 때마다 하니 얻어듣는 공부도 제법이었는데 이젠 새 공부도 하게 되었다.

만나는 사람들이 비닐봉지에 김이 모락모락 나는 걸 든 걸 보고 큰동생이 검색을 하더니 파안대소를 하며 빵집을 찾아가야겠단다. 어리둥절 하는 우리에게 맛있는 빵집이 근처에 있으니 들러보잔다. 빵봉지를 든 사람을 여기저기서 만난다는 대목에서 웃음이 터졌단다. 그래서 또 웃는다. 걷다보면 웃을 일이 많다. 나만 열심히 산 것이 아니었다. 방법이 달랐을 뿐 주부와 엄마로서 열심히 살아온 동생들이다.

두 물이 합쳐진 한강 건너가 압구정동이다. 서울숲에 가는 길은 구름다리로 연결되었다. 구름다리 아래로 한강이 흐르고, 하늘은 오늘따라 파란 도화지에 무채색 담채화를 그려놓았다. 이렇게 담백한 풍경이 오롯이 내 것으로 안긴다. 집을 나서지 않았으면 느끼지 못할 감흥이다.

잘 가꾼 숲을 둘러본 후 빵집 찾기에 나섰다. 줄서기를 한참한 후 집으로 돌아가는 우리들 손엔 빵봉지가 하나씩 들려있었다.

'즐거운 놀이는 많은 일을 하는 것보다 더 필요하며 중요하기까지 하다'는 톨스토이의 말을 제대로 실천한 하루였다.

(2017년 창작수필)

하마

시간은 4월 하순으로 가는데 봄꽃들은 꽃샘추위 눈치를 보느라 주춤거리고, 봄볕은 등뼈를 곧추세우지 못하고 흔들거린다. 하마 봄꽃세상이 빨리 와 고대하던 꽃비 내리는 길을 걸어보고 싶다.

88서울올림픽을 준비하느라 온 나라가 분주하던 그 해가 되자마자 서울아산병원 개원준비 선발대에 참여했다. 허허벌판에 짓기 시작한 기초공사를 살피며 틈만 나면 달려가 의견을 나누었다. 처음부터 1,000병상을 준비하는 작업은 만만하지가 않았다. 게다가 병원의 생리를 모르는 직원이 많아 온갖 대화기술을 동원해도 이해가 엇갈리고 생각이 다르기 일쑤였다.

이런 저런 우여곡절로 준비를 하면서 그분을 만났다. 늘 자애로운 웃음을 머금고 직원들의 마음을 어루만져주는 어른이셨다. 좋은 상사를 만나는 건 신나는 일일뿐만 아니라 큰 꿈을 꾸게 만든다. 개원준비는 다양한 전문직의 목소리가 상충하고 꼼꼼히 준비해야 하므로 일도 많고 고된 작업이다. 여기에 인간관계가 불편하면 일이 꼬이기 십상이고 날짜 맞추기가 편하지 않게 된다. 촉박한 일정에 순항을 한 건 오롯이 그분 덕이다.

그런데 그분의 말씀을 들을 때마다 온 신경을 모아야만했다. 투박하고 강한 경상도 억양은 귀에 들어오지 않았고 그분만의 언어습관으로 소통하기가 어려웠다. 겨우 단어 몇 개만 알아듣고 되묻는 일을 반복하기도 했다. 그중 독특한 건 유난히 '하마'라는 단어를 즐겨 쓰셨다. 처음에는 습관적인 말투인 줄 알았다가 '바라건대, 또는 행여나 어찌하면'이란 뜻을 가진 우리말이어서 친근해졌다. 강원도나 경상도에서는 '벌써'라는 의미도 있다. 그 후로 적재적소에 사용하다보니 나도 모르게 즐겨 쓰는 말이 됐다.

"하마 놓칠까 해서…."

"하마 졸음이 올 것 같아서…."

"하마 다 갔겠지!"

이렇게 '하마'가 봄빛 가득한 햇살로 창문을 두드린다. 그분은 지금도 '하마'와 함께 함박웃음꽃을 피우며 꽃비를 맞고 계실 것 같다.

(2013년 문학의집 · 서울)

카드 만들던 기억의 조각들

벌써 십이월, 며칠 있으면 크리스마스, 일주일 후면 새해다. 외출을 하려다 우편함에서 반가운 카드 한 장을 받아들었다. 올해는 이게 첫 번째 받는 카드인데, 아마도 마지막일 것 같은 예감이다. 몇 년 전만 해도 이맘때는 종이카드를 많이 받았다. 받는 양이 점점 줄더니 올해는 달랑 한 장일 것 같다. 물론 보내는 카드도 엄청나게 줄었다. 직장을 옮긴 탓도 있지만 화살속도보다 더 빠른 정보기술의 발달로 모바일 메신저가 급성장했기 때문이다.

요즘은 여러 형태의 카드를 휴대전화로 주고받는다. 인터넷에 널려 있거나 혹은 휴대전화로 받은 걸 검지로 몇 번 눌러 보내고 받는다. 멋이 없다. 만드는 맛도 없고 받는 재미도 없다. 화려하고 역동적인 동영상 카드도 별로 감흥이 일지 않는다.

도대체 왜 이렇게 됐을까. 바쁜 세상에 편리한 점도 있지만 그저 하나의 통과의례 비슷하게 변한 지금의 현실에서는 받아도, 안 받아도 그만이다. 처음에는 신기해서 보고 누르기를 반복했으나 마구 쏟아져 들어오니 어떨 때는 공해수준이다. 너무 빠르게 변하는 세상을 따라가기가 단거리 달리기만큼이나 숨차다.

특히 아날로그시대에 머물고 싶은 내게는 이 한 장의 카드가 몹시 반가웠다. 발신인을 보니 병원간호사회, 이곳에서는 꿋꿋하게 매년 보내준다. 수십 년간 병원에서 일하면서 협회활동을 한 것에 대한 답장이자, 최선을 다해 살아온 격려쯤으로 해석하고 싶다.

카드 한 개가 마음의 풍선을 띄워놓았다. 어릴 적 이즈음이면 얼마나 바빴던가. 새롭고 예쁜 카드를 만들려고 머릿속은 또 얼마나 분주했던가. 피식 웃음이 새어 나오며 카드 만들던 그 시간을 불러본다.

그 당시는 모든 걸 손으로 만들었다. 자연에서 재료를 얻거나 여러 곳을 다니면서 재료를 모아 공을 들여 만들었다. 카드 재료도 다양하게 사용했다.

흰 도화지가 주였지만 마분지나 색색의 켄트지, 두꺼운 한지와 심지어 무늬목으로 카드를 만들었다. 무늬목을 사려면 을지로에 줄지어 있는 목재상에서 무늬와 두께를 보고 골랐다. 교복 입은 여학생이 무늬목을 사니까 뭐하는데 쓰려고 하느냐며 꼬치꼬치 캐물었다. 호기심 많고 엉뚱하기가 누구에게도 지지 않던 때였다.

두꺼운 한지나 색색의 켄트지는 인사동이나 안국동 화방을 돌아다니며 골랐다. 어떤 날은 화랑에서 열리는 전시회만 돌아다니다가 재료 사는 걸 잊기도 했다.

여러 가지 재료를 모아놓고는 그릴 그림을 구체적으로 구성한다. 하얀 켄트지에는 고즈넉한 겨울 풍경이 제격이라며 까만 붓으로 먼저 윤곽을 잡고 빨간색과 초록색으로 포인트를 줬다. 지금 생각해보면 포인세티아의 초록 이파리와 붉은 꽃을 그린 것 같다. 그림을 다 그린 후에는 굴뚝에서 피어오르는 연기와 내리는 눈으로 마무리를 하곤 했다. 까만색 종이는 더욱 운치 있는 카드가 되기도 했다. 다양한 색의 무늬목은 자연스러운 듯 어우러진 풍경을 주로 그렸다. 두꺼운 한지나 얇고 보드라운 한지도 즐겨 사용하던 기억의 조각들이다.

각종 재료를 사러 다니고 독특한 사진을 오리고 붙이며, 그림을 그리던 시간이 새삼스럽게 안개로 피어올랐다. 하얗게 내려앉은 눈밭을 바라보며 밤을 새워 카드를 완성하기도 했다. 전문가용 색연필과 수십 가지의 물감을 구입할 때면 화방주인이 "꿈이 화가냐?"고 묻곤 했다. 되고 싶은 것도, 하고 싶은 것도 많았던 시절이었다.

멋들어진 소나무, 초가나 기와지붕 위로 하얗게 내려 덮인 눈, 굴뚝을 타고 오르는 밥 짓는 연기, 그리고 가끔은 뒤뜰에 그럴싸하게 자리 잡은 우물과 몇 마리의 새를 그려 넣으며, 받는 사람에게 내 마음이 고스란히 전해지길 바랐다.

어떨 때는 세밀화가가 된 듯이 정성들여 세세하게 그린 후 초승달로 화룡점정을 찍고 금빛, 은빛가루로 마무리했다. 카드 크기에 맞춰 만든 봉투로 맞춤옷을 입히고 나면 희끄무레하게 겨울 새벽이 밝아왔다. 설레고 눈부신 순수의 그 시간들이다.

친구들과 밤새 만든 카드를 주고받으며 소설 이야기에 심취해 가슴이 아릿하기도 했다. 오 헨리의 가난한 신혼부부가 크리스마스에 서로 가장 아끼는 금시계와 머릿결에 어울리는 선물을 사주고 싶어, 남편은 자신의 금시계를 팔아 아내의 머릿결에 어울리는 예쁜 빗을, 아내는 머리카락을 팔아 남편의 시곗줄을 샀던 이야기를 가슴 절절이 나누기도 했다. 또 빼놓을 수 없는 스크루지영감도 있다. 친구에게서 빌려 읽은 찰스 디킨스의 '크리스마스 캐럴' 주인공이다. 인생의 수레바퀴를 열심히 돌리며 살아왔을 그때의 친구들이 보고 싶다.

그런데 크리스마스는 왜 한 해의 마지막에 있을까. 작가 미셸 투르니에는 '진실은 그 사람의 뒷모습에 있고, 등은 거짓말을 할 줄 모른다'고 했다. 등은 따뜻하기도 하지만 누군가에게는 인색할 수도 있다. 지쳐 기울어진 어깨는 안쓰러운 뒷모습을, 곧게 세운 등은 자존감의 깊이를 보여주기도 한다. 한 해의 마지막에 있는 건 일 년을 살아내고 살아온 뒷모습을 돌아보라고 하는 건지도 모르겠다.

누군가에게는 인생의 무대가 열심히 한다고 모두 잘하는 것은 아닐 것이다. 그러나 지나고 나면 일상을 이어나간 게 기적일 수 있다. 한 해의 일상을 잘 이어간 나 자신에게 격려의 박수와 함께 선물을 주고 싶다. 여행이든 그 무엇이든 잠자리에서 일어나 가장 하고 싶은 걸 하게끔 하는 그런 선물을 주고 싶다. 그래서 또 한 해를 살아갈 힘을 얻고 싶다.

(2017년 문학시대)

결국은 사람이다!

아침저녁으로 찬바람이 가득하다. 문화, 환경, 평화, 경제올림픽을 표방하는 2018년 평창동계올림픽이 코앞으로 다가왔다.

'사람과 사람을 잇는, 가능성을 열어가는, 평화를 잇는, 새로운 힘을 창조하는, 공간과 공간을 잇는' 이번 올림픽의 슬로건이다. 이중 마음에 쏙 드는 건 사람에 대한 것이다.

올림픽을 잘 치르기 위해 도로를 만들고 경기장과 주택을 짓고 있다. 나날이 공정률이 높아지는 걸 보니 실감난다. 올림픽 개최는 하고 싶다고 할 수 있는 것도 아니다. 올림픽 개최는 선진국이라는 상징적 의미가 있다. 88서울올림픽을 개최한 우리나라는 동계올림픽을 개최함으로써 올림픽의 완성을 도모한다고 할 수 있다. 올림픽 개최에 따른 이점도 있지만, 올림픽 개최 이후를 걱정하는 이야기도 많이 들린다. 그래서 과정마다 최선을 다하는 것이 무엇보다 중요하다. 잘 준비하여 멋지게 치른 후, 경기장을 잘 활용하여 슬로건에 걸맞은 올림픽을 치러야한다.

어떻게 하면 멋지게 치를 수 있을까. 돈이나 건물의 위상만으로는 멋지게 치를 수 없다. 사람을 위한, 사람에 의한 지구촌 축제를 해야 한다.

윤동주는 「서시」에서 '죽는 날까지 하늘을 우러러 한 점 부끄럼이 없기를' 소망했다. 죽을 때까지 한 점 부끄럼 없이 산다는 게 가능할까. 적어도 아쉬움 없이 사는 건 할 수 있지 않을까. 올림픽도 마찬가지다. 아쉬움 없게 치르기 위해서 우리가 가진 능력을 최대한 발휘해야 한다.

강원도에서 올림픽의 의미는 무엇일까. 오랜 숙원인 강원도민만의 잔치인가, 전 세계인의 축제인가. 강원도는 땅이 넓지만 그에 비해 부족한 게 많다. 사람, 각종 인프라, 발전, 정신, 미래, 스포츠 등이 그렇다. 그래서 같은 도민끼리 험담도 많고 시기와 질투가 많다고 한다. 왜 그래야만 할까. 당연히 해야 하는 일을 협심하여 즐겁고 신나게 할 수는 없을까.

'사람의 생각이 바뀌면 그 사람의 인식과 행동이 변화하고 인생도 바뀐다'는 유명한 말처럼 사람의 생각이 바뀌는 게 무엇보다 중요하다. 그리하여 인식과 행동이 바뀐 강원도민의 세련된 의식으로 불평, 불만, 부정적인 걸 없애고 자중지란 없는 방향으로 나아가야 한다. 끌려 다니며 시키는 것만 하는 피동적인 자세가 아닌 주체적인 의식이 필요하다. 어떤 행사에 가던지 볼썽사나운 일들을 많이 본다. 다 먹지도 못할 만큼 공짜라면 무조건 많이 받아가 종내 버려지거나, 행사 뒤에 산더미 같이 나오는 각종 쓰레기들을 보며 그 사람의 품격을 다시 보는 일이 많지 않았던가.

올림픽을 개최한다고 해서 선진국이라 할 수 있는가. 인격, 도덕성, 양심은 성장했다고 자신 있게 말할 수 있나. 누가 본다고 제대로 하고, 보지 않는다고 함부로 하는 건 소인배가 하는 행동이다.

퇴계 이황은 "혼자 있어도 도리에 어긋남이 없도록 삼간다."고 했다. 2002년 한일월드컵에서 전 세계에 보여줬던 '아름다운 화장실 운동', '한 줄 서기 운동' 등을 기억하고 있다. 유구한 역사만큼 우리가 가지고 있던 대인의 마음으로 바꿔보자. 공부란 모름지기 남에게 인정받기 위해 하는 게 아니라 인격을 완성하기 위해 하는 수양이다.

올림픽을 치른 후에 뼈저리게 후회할 일을 만들고 싶지 않다면, 대인의 품성으로 멋지게 올림픽을 치르자. 강원도민의 우수한 품격을 전 세계인에게 보여주자. 그래서 언제 어느 곳에서도 볼 수 없었던, 대대로 회자하는 올림픽을 만들어 보자. 찬바람이 가득한 겨울 입구에서 단단히 옷깃을 여미듯 우리의 마음을 여며보자.

(2017년 강원일보)